鳥取の民話

はじめに

『日本海新聞』に「鳥取の民話」の連載を始めたのは、令和二年（二〇二〇）一月二十九日からであった。それから毎週水曜日の紙面に九〇回にわたって連載したものをまとめたのが本書である。

内訳は東部、中部、西部それぞれ三〇話である。新聞連載では東部、中部、西部と順にしたが、単行本にするにあたっては、読者の便を図って、各地区別にまとめ直した。ご承知の通り、語り手の収録当時の音声は、鳥取県立博物館「民話」のホームページに登載されているので、そこをパソコンで開けば聴くことが出来るわけで、解説は新聞で、音声は鳥取県立博物館のホームページで、というコラボレーションによって成り立っている。この連載は官民協力による企画だったのである。この点で両機関の理解をいただいたことを私はとても感謝している。

なお、本書では各話に二次元バーコード（QRコード）をつけているので、スマホなどでそれを開いていただき、語り手の方々の豊かな音声をお聴きいただきたい。

半世紀近く前にうかがった話が中心であるので、多くの語り手は既に鬼籍に入っておられるが、収録の際、快く語ってくださった方々の雰囲気がそのまま伝わってくる。読者の皆様はそれを味わっていただき、形はなくても民話などは無形民俗文化財であることを改めて認識いただきたい。

最後に出版事情の厳しい中、出版を引き受けていただいた今井出版に、心から感謝するものである。

令和三年十二月

著　者

目次

中部

西　部

表紙・イラスト　福　本　隆　男

1　笠地蔵（八頭郡智頭町波多）

東部

語り手　大原寿美子さん（明治40年生まれ）
収録・昭和60年8月15日

昔。おじいさんとおばあさんと貧しく暮らしていた。竹の鉢《ばち》を編んで、おじいさんが、「あれこれ買うてくる」と出よられたら、道ばたに六体地蔵さんがおられて、ずっと雪が降っていたので、

「こりゃあ気の毒な、地蔵さんに笠かぶしてあげにゃあ」と、頭の雪をきれいに取って、竹の鉢の笠を六体地蔵さんにみなかぶして、そうして、「おばあ、もどった」

「何ぞ買うてこられたかい」

「何にも買わなんだけど、お地蔵さんが頭の上に雪がいっぱい降って、気の毒でこたえんもんだけえ、お地蔵さんに、笠かぶしといてもどった」

「そりゃあよかった。何にものうてもおじいさんいいが。笠かぶしてあげたらお地蔵さんが喜ばれるわ」言うて。

夜、寝とったげな。

そうしたら、夜中に、

〽ああ、えっさらえっさら

えっさらえっさら

いう音が聞こえる。

「何じゃろうなあ、あの音は」

「さーあ、何じゃろう。だれが来たじゃろうなあ」

〽えっさらえっさら

えっさらえっさら

言うて、また、来られる。

見れば、六人のお地蔵さんが、米を運んで来られる。

いっぱい米を運んで、玄関に置いてごしとられて、そいから起きて見りゃあ、

「おじいさん、たいしたことじゃ。お地蔵さんがお米をいっぱいこと持ってきてごされた。たいしたことじゃ」言うてなあ、喜んで、喜んで。

おじいさんとおばあさんとは、ちょっとの間に大きな長者になって、ええ年を取ったとや。そればっちり。

解説

このときの聞き手は福井県の高校教師だった佐飛鴻一さん、東京都の小学校教師の白尾幸子さん、その友人の主婦田中和子さん、そして筆者の4名であった。「本物の昔話の語りを聞きたい」という白尾さんたちの要望を受けて、語り手の大原さん宅へ案内したのであった。懐かしい思い出である。

この「笠地蔵」の話はよく知られているので、どなたも一度はお聞きになったことがあると思われる。鳥取県東部の山村にもこうして静かに息づいていたのである。

2　夢買い長者（八頭郡智頭町波多）

東部

語り手　大原寿美子さん（明治40年生まれ）
収録・昭和60年8月16日

昔。雪の消えかけたころを「春ばる」といい、毎年田舎では木を樵りに行っていた。

若い者二人が春ばるに行こうと山に出かけ、木を伐っていると昼になったので、昼ご飯を食べ終わって一人の男が昼寝をした。

もう一人の男が見ていると、アブが寝ている男の鼻の中に入ったり出たりを繰り返している。起こすと「いい夢を見た」と言うので聞いたところ、「この山にある白い椿の根元を掘ると金瓶が出てくるという夢を見た」と言う。

それを聞いた男は気になったので、仕事から帰って再び山へ行き、探してみたら、本当に白い椿があったので、その根元を掘ったところ、金瓶が三つ出てきた。男は喜んでその金瓶を持ち帰った。

寝ていた男が「おまえと二人で探そうと思ったが、おまえが金瓶を掘り出して持ち帰ったのなら、半分くれとは言わないので、ちょっと見せてくれないか」と言った。

持ち帰った男は「いくらでも見せてあげる」と見せたところ、「大きい金瓶だなあ」と回しながら見ていたが、よく見ると「十のうちの一つ」と字が書いてあった。持って帰った男は字が読めないのでそのことが分からない。

寝ていた男は、まだ七つあるということを知り、日にちを変えて掘りに行った。

なるほど白い椿が生えており、根元を掘った跡があったので「まだ七つあるはずだ」と一生懸命掘ったら、本当に金瓶が七つ出てきたので、それで大金持ちになり、一生安楽に暮らしたそうな。

先の男も一人で欲ばらずに一緒に出かけて掘ったら、半分もらえたはずだった。

だから欲ばってはいけない。そればっちり。

解説

どなたにもおなじみの話であろう。わが国の昔話の話型を分類した関敬吾『日本昔話大成』の分類では、本格昔話、「運命と致富」の中に「夢買長者」として次のように登録されている。

一五八　夢買長者
1、二人が旅に出る。一人が昼寝する。(a)蜂(蛾《が》・熊蜂)が飛んで来て、鼻に入って再び飛んで行く、または(b)鼻から出て行って再び帰って来て鼻に入る。2、彼は目をさまし、あるところの木(松・榎《えのき》・ガジュマル・牛の糞・岩屋)の下に宝物(黄金)が埋まっているのを発見した夢を見たと語る。3、友人にその夢を、(a)酒と交換または(b)買いとり、一人で行って宝物(黄金)を掘り出して長者になる。

夢は、天の神からの予兆であるという信仰が背景にあるが、欲ばった男にはそれなりの報いが用意されている。

一方、三朝町の別所菊子さん(明治39年生)の話では二人が仲よく分けることになっており、よいことはお互いに仲よく分け合うべきだというメッセージになっているのが面白い。

東部

3 庚申《こうしん》の夜の謎（八頭郡智頭町波多）

語り手　大原寿美子さん（明治40年生まれ）
収録・昭和55年11月22日

金持ちで欲ばり爺の隣に、貧乏な爺がいた。

金持ち爺は隣の土地を我が物にしたく思い、隣人の爺に、「今夜は庚申だから、謎を出す。お前が解けば自分が引っ越すが、解けなければおまえの土地を引き渡せ」と言い、「夜中のケンと、夜中のキャロとかけて何と解く」とかける。隣人はやむなく明朝までの期限で承知し、思案しながら庚申の神さんを待つ。やって来た庚申さんを送りに出たら、よその犬が鳴き出した。庚申さんが「夜中のケンが鳴きよるから夜中じゃな」と言われる。そのうち鶏が鳴き出した。「夜明けのキャロが鳴き出したので、帰ってもいいよ」とつぶやく。爺は「ありがとうございます」と礼を言って別れる。

夜が明けると早々に金持ちの爺が来て「解けたか」と聞くので「夜中のケンとは犬のこと」また「夜明けのキャロとは鶏のことです」と答えたので、金持ちの爺は「約束だから引っ越す」と出て行った。

欲ばってはいけないという話。

解説

大原さんによれば、これはお母さんからお聞きになった話と言っておられた。

関敬吾『日本昔話大成』から、その戸籍を探すと、笑話の中の「巧智譚」「業較べ」に「庚申侍の謎」というのがあり、これに該当していた。

このように智頭町に伝えられている昔話「庚申の夜の謎」も、わが国に昔から語られていた昔話の系譜に一致しているのである。

ところで庚申は六十日に一度巡ってくるが、この庚申の神は祟りやすい怖ろしい神であるといわれ、智頭町で「庚申さんの夜は夜なべ仕事をするとアワ（粟）がカヤ（茅）になる」といわれ、農業の神である一面も見せている。そしてこの日は夜を徹して語り合っていなければ三尸虫《さんしちゅう》が体を抜け出して、天帝にその人の罪科を報告し、それによって天帝は病気を与えたり、寿命を縮めたりするといわれ、三尸の昇天を阻むためにこの夜は夜を徹して語りあい、酒食の宴を催して夜明けを待ち、厄を逃れようという民間信仰を庚申待という。そして夜を徹して語り合うことから庚申の夜語りといわれる。

今回の話もこのような信仰が底を流れているように思われるのである。

さて、連載を始めてしばらく経った。読者からは「子どもの頃を思い出してとても懐かしい」「昔話の中には、さり気なく教訓が秘められていて、子どもたちに必要な教えが隠されている」「イラストがすばらしく毎回楽しみです」など話してくださる方々が多く、大勢の読者から支持されているのだな、とうれしく思う。ぜひ鳥取県立博物館・民話のホームページで語り手の音声を確認されながらお聴きいただきたい。

東部

4 亀とアブの報恩（八頭郡智頭町波多）

語り手　大原寿美子さん（明治40年生まれ）
収録・昭和54年9月15日

昔。若い者が歩いていると、三人の子どもが亀をいじめている。かわいそうに思い金で買い、助けてやる。

また行くと、子どもたちがアブの尻に棒を挿そうとしているので、金を払ってアブを逃がしてやった。

さらに行くと、長者の屋敷があり、そこに大きな堀があった。堀のまん中に一本の松の木があり、そこには鶴が卵を産んでいた。

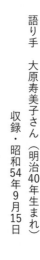

そこに立て札があり『この鶴の卵を取ってきたら、うちの婿にしてやる』と書いてある。若い者は「このような名のある長者の婿さんには簡単にはなれないだろう」と見ていたところ、一匹の亀がすーっと寄って来た。助けてやったあの亀で、亀は背中を向ける。「ああ、これへ乗れ、ということか」と言って、亀に乗ると、亀はその松の木に連れて行ってくれた。

若い者は松の木に登って鶴の卵を取り、懐へ入れて屋敷まで行き、長者のところへ持って行ったところ、「ふーん、あの松の木の鶴の卵を取って来たのか」と長者は喜ばれ「しかし、今日は近所の娘たちをみんな呼んでいるから、この中からうちの娘だと思うものに一杯酒の酌をしなさい」と言われた。

見ればみんないい娘ばかり。あれもこれも呼ばれて並んで座っている。「どれだろうか、きれいにみんな座っておられるが……」と思っていたら、障子から助けたアブがやって来た。アブは娘たちの周りを飛びながら、

酌取りさせぇブンブン

酌取りさせぇブンブン

と中の娘に向けてそう言うものだから、若い者は中の娘に酌をしたら、案の定、それがそこの長者の娘だった。それでそこの婿になったと。

だから、生き物はいじめるものではありません。

そればっちり。

解説

大原さんの語りの中には「生き物はいじめるものではありません」という教訓が、さりげなくつけられている。学校教育などなかったかつてのわが国では、このように昔話の中に、それとなく教育的機能が含まれていたのであろう。

関敬吾『日本昔話大成』では、この話は本格昔話の「婚姻・難題婿」に属し、「蜂の援助」として次のように位置づけられている。

1、ある男が蜂（または三匹の動物）を助ける。2、長者が三人娘の一人に聟を探している。3、多くの若者が求婚して失敗するが、彼は長者の出した三つの難題（竹の数をあてる・大石をかつぐ・相手の娘をあてるなど）を、動物の援助によって解決して聟になる。

このように大原さんの話も全国的な話の一つであることが分かるのである。

また語り納めの「ばっちり」は鳥取県東部地方の結句の代表的なものである。

5　一斗八升の米（八頭郡智頭町波多）

東部

語り手　大原寿美子さん（明治40年生まれ）
収録・昭和62年8月23日

昔、貧乏なおじいさんとおばあさんがいておじいさんが山で木をこり、それを売って暮らしていた。

売れ残った木を橋の上から「竜宮の乙姫さまに差し上げましょう」と投げ入れていた。木はぐるぐる回りながら海へ出ていた。

ある日。おじいさんが帰ろうと思ったら、「ちょっと待って」と一人の男が現れ、「自分は竜宮の乙姫さんの使いで来た。竜宮では薪がのうて困っているに、薪を毎日送ってくれて助かっとる。乙姫さんが、これをやれ、と言われた」と打ち出の小槌をくれた。

「この小槌は何がほしいと言って打てば何でも出る。ただ限度があり三つしか打たれないぞ」と、打ち出の小槌を渡して消えた。

おじいさんは帰っていったが、ワラジが破け履けなくなり、「ワラジ一足」と小槌を打ったら、ワラジがとんで出た。「本当にたいしたもんじゃ」とワラジを履いてもどっていったが「もう二つ願われる」と思い家へ帰った。

そうしてよい鉈がほしくなり、「鉈、一つ」と振ったら、金の鉈がとんで出た。

おじいさんは「もう一つじゃが、ばあさん、どうしようなあ」と聞いたら、おばあさんが「食べる米がねえじゃが」と言ったので「米、一斗八升。ばばあ」と振ったら、美しいおばあさんがとんで出てきた。「二人が食うに困っとるに、きれいなおばあさんまで出てきて困った」。そう思っていたら、そのおばあさんが座ったまま、鼻の穴からぽろりぽろり米が出だした。二人が不思議に思っていると、鼻の穴からもこちからもあちらからもぽろりぽろり米を出して、一斗八升の米が座敷に積まれたと思ったら、そのおばあさんは米に溶けてなくなってしまった。おばあさんもまたみな米だった。

おじいさんが『ばばあ、一斗八升』と言ったから、一斗八升の米がおばあさんから出たのだそうな。

解説

正直な主人公夫妻が幸せになるという、いたってのどかな話である。

打ち出の小槌といえば、わたしたちはすぐに「一寸法師」の話を思い出す。鬼が忘れた打ち出の小槌を一寸法師が得て、その力で彼は一人前のりっぱな男に変身するのであるが、そのような打ち出の小槌は、昔話の世界では他の話の中にもこのようにちゃんと用意されていることがある。以前、島根県鹿足郡吉賀町で語っていただいた「カタツムリの息子」では、カタツムリの息子が、妻と氏神様へお参りに出かけるが、最後に海の中に落ちる。そして海から打ち出の小槌を拾って来て、その小槌を振ることによって、家や米を次々に出して金持ちになる形で出ていた。

ところで、この智頭町の話は、関敬吾の『日本昔話大成』を調べても見つからない珍しいものなのである。

6　踊る骸骨（八頭郡智頭町波多）

東部

語り手　大原寿美子さん（明治40年生まれ）
収録・昭和54年10月7日

昔。下《しも》の七兵衛と上《かみ》の七兵衛が仲良しで、町の方へ出かせぎに行った。

上の七兵衛は遊んでばかりで、下の七兵衛は一生懸命働いた。そして三年たった。上の七兵衛は「三年たったが銭は一銭もないし、着ていぬる着物もない」と言う。下の七兵衛は呉服屋で着物を買ってやり、連れだって帰ってきた。

村が見える峠で、上の七兵衛が謀反を起こし、下の七兵衛を後ろから、ばっさり斬り殺し、土産からお金から全部持ってもどった。しかし性根は変わりはしないので金は使い果たし、三年たって、山越ししなければならなくなった。

下の七兵衛を殺したウネまで来たら「上の七兵衛、ちょいと待て」と裾を押さえる者がある。それが下の七兵衛の声だからびっくりしていると、下の七兵衛の骸骨が残っていた。「三年前、ここでおめえがわしを殺えて荷物や金を持っていんでみな使うたかい」「何言うても、ほんに断わりのしようもない。こらえてごしぇえ」「三年後、おまえと会おう会おうと思うて、毎日待っとった。銭がなけにゃあ二人で一もうけしよう。おめえはよう歌をうたうだけえうたえ。うらは踊るけえ」と下の七兵衛が言うから、「そがしょう」と二人が出たところが、町をあちこち回っていると、珍しいから、本当に、受けに受けたそうな。

そうしていたら、それが殿さんの耳へ入った。二人は大きな殿様の庭に呼ばれた。上の七兵衛が歌をうたいだした。そして骸骨に「さあ、踊れ」と踊らせるけれど、それまであれだけよく踊っていた骸骨がちっとも踊らぬ。「なして踊らんじゃあ」とびっしりたたいたら、骸骨なのでごとごとっと砕けてしまい、その骸骨は殿さんの前へ行って座った。「殿さんと会いとうてこたえなんだ。これまで踊ったのも殿さんに会うためじゃった」と言った。「この上の七兵衛は三年前、こういうわけで峠から家が見え出いたウネのところでわしを殺いて、このようなことをしてきた。これで仇討《かたき》ちができる。今日の日が来たじゃ」と一部始終をすっかりみな話したら、殿さんが「上の七兵衛はたいへん悪者じゃ」と上の七兵衛を縛り上げて全部白状さした。

骸骨が言う通り同じことだったので上の七兵衛ははりつけにあった。下の七兵衛は仇討ちをしたのだそうな。

解説

関敬吾『日本昔話大成』の話型では本格昔話の「継子」の項の中にある「唄い骸骨」がこれに当たる。

大原さんの話では骸骨が踊りを踊る話になっているので、タイトルを「踊る骸骨」としたが、『日本昔話大成』の話型では歌をうたうことから「唄い骸骨」と命名されている。地方による微妙な変化を遂げながら、この話はこうして伝承されているのである。

7 おりゅうと柳（八頭郡智頭町波多）

東部

語り手　大原寿美子さん（明治40年生まれ）
収録・平成元年8月24日

昔。高山《たかやま》に、おりゅうという器量のよい娘がおり、高山を越えた大きな家に女中に行っていた。

高山の尾根に大きな柳があり、柳の精《しょう》（＝たましい）が、おりゅうに惚《ほ》れて、人間に化け、毎晩、会いに行く。おりゅうもまた柳に会いに行くしして、心を交わしあっていた。年がたち、おりゅうが高山の峠を越え家に帰っていても、お互い毎晩会いに行っていた。

事情があって行けないときには、大きな風が吹いて、柳のざわめきの声や音やらが聞こえたり、木の葉が飛んできたり、毎晩心を通わしていた。

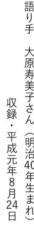

ある晩、いい男の侍が青ざめておりゅうのところへ来た。「ひどう青ざめて、生きた顔じゃあない」「うん、毎晩会うてきたけど、もう会えんかも知らん」「どんなこっちゃろうなー」とおりゅうも思った。

そのころ、京の三十三間堂の普請が始まっていた。その三十三間堂の棟木は、杉でもヒノキでもない、高山のあの柳でなけにゃあ、できん。その柳を伐《き》るのは、一人や二人の杣《そま》（木樵《きこり》）ではどうにもいけない。あっちからもこっちからも上手だといわれる人は、みんな呼んで来て、そしてのこぎりで一日中柳を挽《ひ》き伐ったけれども、とても柳が伐り倒せないので「明日の仕事じゃ」と言ってはもどり、行ってみると、その柳の幹は元どおりになっている。

　杣さん（木樵のこと）の嫁さんが、何とか伐らせてもらいたい、と神さんを一生懸命に拝んでいたら、思いがかなったのだろうか、神さんが枕神に立たれ「伐られる鋸屑もコケラも、その場で火ぃ焚いて、みんな灰にするじゃ。そうしたら、伐ることができる」と言われた。

「それじゃあ」とそこで大きな火を杣さんの嫁さんが焚く。この杣さんの嫁さんもあの嫁さんも、みんな大きな火を焚いて、鋸屑もコケラも焼いてしまって、あくる日そこへ行ってみたら、昨日、柳を伐っただけ伐れてしまっていた。それで、「これで伐れるぞ」とみんなは喜び、柳を伐ってしまった。

　それから柳を車に乗せ、おおぜいで京都へ運ぼうとした。すると樹齢何百年もしている柳なので、いかに引っ張っても簡単には動かない。ある人が、「柳の精がおりゅうに好いとったけえ、おりゅうを頼むこっちゃ」と頼んだら、おりゅうは「役に立つことなら行きます」と京の三十三間堂の棟木を出すおりに、車の先頭になって綱を引いたら、柳を載せた車は三十三間堂まで無事に着いた。いつに変わらずに、今でもそのとおりあるそうな。

　そればっちり。

解説

　関敬吾『日本昔話大成』では、本格昔話の「新話型16・大木の秘密」にその戸籍がある。昔話には人と動物や植物の間で、心を通わす話がよくあり、どことなくのどかなものである。

8 カミソリ狐（八頭郡智頭町波多）

語り手　大原寿美子さん（明治40年生まれ）
収録・昭和60年8月15日

東部

昔。おさん狐といって人をだます狐がおった。

若い者宿《もん》へ集った若者の一人が「狐を捕まえる袋を持って出る」と出て行ったら、おさん狐が来た。若者は「だまされりゃあせん」と見ていると、狐は頭にアオミドロを被って娘になり青年の前を通って行った。

ついて行くと、娘は重箱の中へ落ちていた馬糞を入れ、風呂敷に包んで長者の家に入って行った。家の者が「久しう来なんだ。子どもも大きゅうなった」と、娘を歓迎する。若者は見かねて、家へ入ったら、そこには下女や下男もいる大きな家だった。

若者は「娘は狐じゃ。だまされちゃあいけん」言うけれど「うちの娘が里帰りしたじゃ」と言う。娘は「たいしたもんじゃないけど、おはぎを持ってきた」と重箱のものを出す。家の者たちは「ご馳走じゃなあ。よばれるじゃわ」と言う。そして娘さんを奥の間に入れ、もてなされる。

若者は「そりゃあ馬糞じゃあ」と言うけれど、

家の者たちが怒って「そんなことを言う者は、松の木に縛りあげたれ」と下男二、三人で若者を松の木に逆さまに縛りあげた。苦しくてならないので騒いでいたら、家の奥から坊さんが来られ、「これだけ言うじゃけえ、こらえたれえや」言う。家の者たちも坊さんの言われることなので、若者を木から降ろしてやった。

坊さんは、「おまえはこらえてもろうたじゃけえ、一緒に帰ろう」と若者を連れてお寺へ帰られた。「これからわしの弟子になれ」、次には「坊主にならにゃ」と言われた。若者は命を助けてもらったからと頭を出した。剃刀を使うと痛くてならないけど、がまんして髪の毛を剃ってもらっているうち、なにしろとても疲れきっているからよく眠ってしまった。

目が覚めてみれば、夜が明けるしして、「ここは何じゃろう」と思ってよく見れば、こりゃあ野原じゃ。だまされん言うて来たけど、だまされたじゃなあと思ってわが家にもどり、奥へ入って布団を被って寝ていた。

すると、仲間の青年たちが数人その家にやって来て、「どんなや、だまされんと上手にもどったかや」と言うと、若者のお母さんが、「もどって寝とるわ」と言うので、仲間たちは「ほんなら行ってみよう」と行って見たら、若者は頭の毛を狐にめちゃくちゃに食いちぎられて、頭から血が出ている。

今回も若者が坊主にされてしまったという話。それぱっちり。

解説

けっこう各地で好まれて語られている昔話である。読者もどこかで聴かれたことがあるのではなかろうか。大原さんの見事な語りをホームページでお聴きいただきたい。

なお、アオミドロは清流に群生する藻類の一つで、水綿、青味泥のこと。

関敬吾『日本昔話大成』によると、この話は本格昔話の「人と狐」の中に「剃刀狐」として位置づけられている。

9 聴き耳頭巾（八頭郡智頭町波多）

東部

語り手　大原寿美子さん（明治40年生まれ）
収録・昭和62年8月23日

昔、正直なおじいさんがおって、氏神さんに日参をしていた。ある日。

「拝殿の前に頭巾がある。かぶっとりゃあ、木じゃろうが鳥じゃろうが何の言うことも聴き分けられる」と氏神さんが言われたので、それを拾って帰っていた。

途中野原で腰をかけたら、鴉が木の枝に止まって話し始めた。「人間て分からんもんじゃ、あそこの隠居さんは蔵ぁ建てられたが、その蔵のコミ（壁の下地）の羽目板に蛇が挟まって、苦しみながら、死んだじゃけえ、そいつう出して祀ってやったら治るじゃ」「そうか、鳥の言うことがありありと分かるわ」

と感心していたが、その家に入って行って旦那さんを診察した後、蔵のコミをはぐって蛇を川に流してやったら旦那さんの病気は治られて、大喜びをしたそうな。

おじいさんは大きなお礼をもらって、帰ったそうな。

そうして、何日かたってからか、また出かけていたら、長者のお嬢さんの身体が痛くて苦しんでおられる。そこの家の前を通っておったところが「法者人《ほうじゃにん》」と女中さんがおじいさんを引き留めて、「こういうわけじゃけえ、診たってえな」

おじいさんが娘さんの部屋に泊まったら、夜中に松が桧《ひのき》の見舞いに来る。「きれいな部屋ぁ建てられたけど、部屋の下に桧の株があって、その株から春になって芽を出しゃあ、雨垂れが落ちちゃあ、また桧の芽を腐らかす。生きることも死ぬこともかなわん、たいへん苦しんどる。部屋の底を取れば治るに」と言う。

そこで、その部屋の底を取ったら、娘さんの病気が治ったそうな。

頭巾を持っていたので、おじいさんが大いに重宝がられたそうな。

「どぎゃなお礼をしてええやら」。おじいさんは「礼も何にもいりゃあせんけれど。もうこの年になったら食うことも出来んのじゃけえ」言うたら、「それじゃあ、一期《いちご》、うちのおじいさんとして暮らいてごされんかい」ということで、その家のおじいさんのように養ってもらわれたとや。それぱっちり。

解説

『米子市史』作成のおりうかがった。この話は、当地では比較的珍しいようで、中国地方では岡山県三話と広島県に一話記録されているだけで、山陰両県はこれまで空白地帯となっていた。

関敬吾の『日本昔話大成』で戸籍を眺めると、これは本格昔話の中の「呪宝譚」のところに三種の「聴耳」として分類されている。

主人公のおじいさんは、一般的に昔話に共通している正直で信心家であり、やっと生活している貧しさである。それを氏神さまが哀れんで、結果的には幸せを授けてくださるという筋書きになっている。

10

腰折れ雀（八頭郡智頭町波多）

東部

語り手　大原寿美子さん（明治40年生まれ）
収録・昭和60年8月15日

昔、正直なおじいさんとおばあさんがいた。

おばあさんが、庭に出たら、雀がたくさん庭に降りていて、おばあさんが来たので、飛んで逃げたけれど、一羽の雀が脚を痛めてよく歩けないものだから、その雀を篭《かご》に入れて、米やら虫やら草やら餌をやっていた。日にちがたってよく治ったので離してやった。

一月も二月もしてから、また庭へ来て、チュンチュン言うから、おばあさんが出てみた。ポトンと何か落したので、行ってみたら、瓢箪《ひょうたん》の実が落ちていたので、植えておいた。それがよく出来たので降ろしてみたところが、お米がいっぱいつまっている。また次のも出してみたら、お米がいっぱい入っている。

そしたら、隣のおばあさんが羨ましく思って「うらも雀の脚を治いたらにゃあならん」と言っても、脚を怪我した雀がいないので、庭へ遊びに来ている雀に、石をぶつけたら、雀の脚に当たったそうな。そこで「当たったか、痛かろう」とその雀を拾いあげて、米をやったり草をやったり、虫を捕ってやったりして、その怪我を治してやって離してやったら、雀はチュンチュン言って逃げたそうな。

何日かたってから、その雀がまた庭へ来て瓢箪の実を落としたので、それを植えておいたら瓢箪がたくさんなった。

一定の日にちがたってから、降ろしてみたら、その瓢箪の実から何とムカデやら、蛇やらミミズやら、何やらかんやら出てきて、そのおばあさんを食い殺いた。それだから、悪いことして欲ばりしてはいけないのだよ。そればっちり。

解説

関敬吾『日本昔話大成』の話型でみると、本格昔話の中の「隣の爺」のところに「腰折雀」として次のように登録されている。

1、婆が傷ついた雀を助ける。2、瓢（またはその種）を三つ（一つ）くれる。瓢（種をまいて生える）から米・金銀・甘い水が出る。3、隣の婆が故意に雀を傷つける。もらった瓢から蜂・泥・辛い水・入道が出る。

類話が県内のどこかに伝えられていないかと稲田浩二編『日本昔話通観』鳥取編で調べてみたが、残念ながら他の地区ではまだ一話も見つかっていなかった。

そういうことであれば、鳥取県立博物館のホームページ「民話」のところに登載されているこの話は、今では鳥取県内で唯一の存在が確認できたもの、ということができるとても貴重な話なのである。

ここではかなり中身を割愛しているので、読者のみなさまは是非ホームページで大原さんの見事な語りをお聴きいただきたい。大原さんの語りは実にキメが細かいのである。

11 子育て幽霊（八頭郡智頭町波多）

東部

語り手　大原寿美子さん（明治40年生まれ）
収録・昭和62年8月23日

昔、あるところの娘さんが大きな腹になった。「困ったなあ、飯を食わなければ中の子が死ぬだろう」。両親は何日も娘にご飯を食べさせなかったらとうとう娘は死んだ。しかたがないので野辺送りをした。

ある飴屋に夜、女が一文銭を持って、飴買いに来る。一定の六文がすんだら金がないので、桐の葉を持って出る。「木の葉がついて出とるわ」いうようなことで、それが毎日なので番頭さんが後をつけたら、一人娘の死んだ新墓の前へ行くとおらんようになる。そのうちの人が掘り返いてみたら、その娘さんは、真っ黒になって、死んどるけど、やや子はまるまる太っていた。

その幽霊が子どもを育て、子どもが生きとったいうことです。そればっちり。

解説

この話は関敬吾『日本昔話大成』の昔話分類で

は、本格昔話の「誕生」に「子育て幽霊」として次のように登録されている。

1、妊婦が死んだので葬る。2、(a)幽霊になって毎晩同じ時刻に一文銭を持って飴を買いに来る。または(b)地中で子どもが生まれた夢を見せる。3、墓を掘ると屍が生きている男児を抱いている。買った飴がかたわらにある。4、子どもを救い出して育てる。(後に名僧になる)。

昔話として語られている智頭町の語りでは、生まれた子どもは性別が不明であるが、男児として生まれ名僧になったとする話は多い。

松江市では中原町の大雄寺《だいおうじ》に関する伝説として小泉八雲が紹介していて有名であるが、全国的にも類話は語られている。鳥取県で見れば岩美郡岩美町の曹洞宗、通幻派の祖として名声の高かった通幻禅師（通幻寂霊）誕生にまつわる伝説が残されているが、水飴を買う部分は脱落している。『岩美町誌』(九二三〜九二四ページ　昭和43年・岩美町刊）に詳しい。概略しておこう。

通幻禅師は元亨二年（一三二二）浦富に生まれた。俗名、永沢家光。父は同郡細川村の太郎麿、母は浦富岩淵長者永沢某女で、二人は恋仲となり妊娠したが、難産で死亡。、香林寺門前自得庵の傍に葬った。

翌日、諸国遍歴の一人の僧がこの処を通ると道のほとりに新しい塔婆の立てられた新墓を見て、経をあげ回向していたところ、かすかに幼児の泣き声がする。付近の民家に立ちよって墓のいわれをたずねると、前記の事情でこれは多分墓中で分娩したということになり、墓を掘り起こしてみると、母の亡がらから、男の児が生まれていた。僧は「仏の縁によることだから、是非私の弟子にもらいうけたい」と頼み、豊後国に連れて行く。その子は後に名僧になったという。

12 五分次郎（八頭郡智頭町波多）

東部

語り手　大原寿美子さん（明治40年生まれ）
収録・昭和60年8月15日

昔、お父さんとお母さんに子供がなく、願かけをした。三七、二十一日の祈願をしたら、中指の腹が大きゅうなり、そこを割ったら子供が出てきた。まま食え、とと食えで一年、二年、三年、五年とたって「二十にもなっても同し五分じゃが、なに一つ頼もうもない」て言うた。

五分次郎は「わしはお父さんやお母さんをこれから養う。鰯《いわし》売りをする元をくれえ」と言う。元を出したら鰯を三匹買うて、鰯を縦に負うて、そして大きな家に行って「鰯はいらんか」大きな声が出るから、そう言うたら、女中さんが篭を持って買いに出てみると、何にもおりゃあせん。「鰯売りはどこにおるじゃろう」「ここにおります」見ると五分ぐらいな人間が鰯を縦に負うて、鰯ばっかり歩きよるような。「ほんならもらう」と買ってくれた。「食べるもんは、わしゃ持っとるけえ泊めてくれ」と言うので泊めたところが、なかなか利口なもんじゃ。自分が小うまい粉を食べて、少し残しておいた。

その家に一人のお嬢さんがあった。夜。静まってから、お嬢さんの口周りにその粉を塗りつけておいた。

夜が明けると五分次郎は大変に悲しげにすこすこ泣く。「どげしたじゃえ」と言われると、「わたしゃあ、ほかのもなあよう食べんに、わたしの食べるもんをお嬢さんが食べてしもうて、今朝は何にも食べるもんがない」言うた。「うちにゃあそんなことをする娘じゃない」って、奥に入って見るとお嬢さんの口のほとりに粉がついている。

「粉でもひいて返すし、どうしたらいいか」「わたしゃあ、粉もお金も何にもいらんけど、お嬢さんをお嫁さんにほしい」って言う。「そんなことは」とお母さんは困っていたが、お嬢さんが「いったんそう言われたらしかたがない。わたしゃあ取って食べたたあ思わんけど、口についとりゃあしかたがない。お嫁になって行く」言うた。

それからお嫁になって行っていたところ、五分次郎は馬に食われたりしながらも無事に戻ってきた。お父さんとお母さんは大喜びで、次郎と嫁さんに「おまえらは四国の金比羅さんに参ってきんさい」と旅に出させた。

途中、五分次郎は海に落ちて鯛に食われたり、鬼の出る宿に泊まったりしたが、鬼が忘れた打出の小槌を振って大きくなり、家も長者になった。

解説

なかなかスケールの大きい話である。関敬吾『日本昔話大成』によれば、本格昔話の「誕生」の中にある「田螺息子」とか「一寸法師・鬼征伐型」、「親指太郎」あたりに該当する話であろう。数々の危難を乗り越えて幸せな結婚になる話である。

島根県鹿足郡吉賀町では「カタツムリの息子」として語られている類話がある。

13 猿地蔵（八頭郡智頭町波多）

東部

語り手　大原寿美子さん（明治40年生まれ）
収録・昭和54年10月9日

昔、おじいさんが「ばあさん、うらは畑を打ちい行って、座っとるけえ、糊《のり》を煮て頭からかぶしてごせえや。お地蔵さんになるけえ」。おばあさんも承知してそのようにしてあげた。

そうしたところ猿が出てきて、「おい、ここに白子地蔵さんがおられる」「ええもんを持ってきてすえよう」とあれこれと食べるもんから、お金からいっぺえすえた。

おじいさんは晩にお金をみんなもらってもどった。

二人が喜びよったら隣のおばあさんが聞いて、「そうか、そうか、うらもお地蔵さんを信心してみよう。」言った。

「おじいさん、おまえ、行って座っとれ。糊を持って行ってかぶせるけえ。お地蔵さんに何でも信心するじゃ」言うた。

そして、おばあさんが、おじいさんを座らして、糊を頭からかぶらしたら、お地蔵さんのようになった。

　そいから猿がええもんを持ってきて、

「白子地蔵さんは昨日のええもんをみんな平らげておられるわ。今日もすえよ」とよけえことお地蔵さんにすえて、

「お地蔵さんじゃ、お地蔵さんじゃ」言いおったら、欲ばりじいさん、気をせったか、ついおかしゅうなって、ヒュッと笑うたら、「こりゃ、お地蔵さんじゃねえ、人間じゃぞ。昨日のええもんもみな食うとるし、銭こも持っていんどるし、こら人間じゃぞ」言うようなことだった。

　そいから「葛《かずら》ぁ立てぇ」とおじいさんをがんがら巻きにして、猿じゃけえ、結ぶすべを知りゃあせず、「鼻の穴が開いとうだけえ」と鼻の穴へ葛つっこんだら、血がだらだらして出だした。猿は血がまことにきょうといもんじゃけえ、

「そーりゃ、血が出だいた」言うて恐れて、おじいさんはがんがら巻きにされて、血だらけになって、命からがらでもどったとや。

　それぱっちり。

解説

　読者にはおなじみの昔話であろう。隣人型の話には、必ず主人公が成功し、隣人は失敗することになっている。この話もその一つである。

　関敬吾『日本昔話大成』の話型では本格昔話の「隣の爺」の中の「猿地蔵」に相当し、以下のように紹介されている。

　1、爺が(a)小鳥が畑を荒らすのでからだに色をぬって座っている。(b)畑にやすんでいる。2、猿が地蔵さまだといって(a)爺を棲家《すみか》に連れて行って、木の宝・銭・宝物を供える。3、隣の爺がまねる。川を渡るときに猿の歌を聞いて笑ったので、人間だといって(a)川に捨てる。または(b)傷を負わせる。

　大原さんの語りもこの範疇に当てはまるのである。

東部

14　猿とひき蛙のめおい餅（八頭郡智頭町波多）

語り手　大原寿美子さん（明治40年生まれ）
収録・昭和62年8月23日

昔、ひき蛙がやってきて「ええ天気になった」と思っていたら、山の猿が下りてきて、「久しぶりで会うたじゃけえ、めおい（費用をお互いに出し合って飲食すること）をしょう」と「餅米をもろうてくる」と二升ほど担いで来たので、ひき蛙はそれをといで、セイロウ（蒸籠）に入れて蒸して、臼に入れてつこうとしたら猿が「ここでは、おもしろうない」と「尾根に上がって食おう」と言うことになった。

猿が臼ごと尾根の頭《かしら》へ担いで上がり、ひき蛙は後で上がったところ、猿が「ここから転ばし、下へ落といて食おう」て言う。ひき蛙は「そぎゃしょう」と言った。

そうして尾根のてっぺんから、谷へごろごろっと転ばす。猿は「待て待て」と下まで転んで出た臼の中をのぞいて、一人で食べようと見たら、中は空っぽだった。

猿が山の途中まで引き返してみたら、そこにひき蛙がいる。ひき蛙は、猿が臼をほんのちょっと転ばしたら餅がひょっと出て、木の切り株にその餅がだらーっと引っかかっているので「ずーっと流れる方から食ーべましょう。だーるまさん」と言いながら「あっちが冷めとる、こっちが冷めとる。熱い餅をほうほうほうほうほう」と言いながら食べているそうな。

猿はうらやましくてならないから「こっちい流れよる」とひき蛙に言い聞かせるけれど、ひき蛙はそれにはおかまいなく一人、流れる方から食べていた。

猿が「わしにもちいとちっとくれえや」と言うものだから、ひき蛙は「よしよし」と言って、中の熱いところをぴしゅーんと猿の顔にぶつけた。

猿が熱うてかなわないものだから「あつつつ」と言いながら、みなじきに食べてしまって、今度は「もちぃーとでええけえ」と言うので、ひき蛙は「よしよし」と言った。猿の方はまた中の熱いところを、顔へぶつけられたらかなわないと思って、お尻を向けたので、ひき蛙がお尻に投げた。

それで今でも猿の顔は焼けて赤いし、お尻も赤いのだそうな。それだからなあ、欲張りをしてはいけないのだよ。

そればっちり。

解説

大原さんの語りは、文字を追うだけでも実にキメの細かさがうかがえる。読者のみなさまも是非鳥取県立博物館のホームページでお聴きいただきたい。

この話を関敬吾の『日本昔話大成』でその戸籍を探ってみると、動物昔話の「動物競争」の中に「猿蟹餅競争」として存在している。

つまり、猿が主人公、蟹が副主人公となっていることが多いようだが、地方によっては蟹の代わりに蟇《がま》がその役を引き受けている場合がある。この語りは、副主人公が蟇、つまりひき蛙となっているのである。大原さんの語りは後者の方に当てはまる。

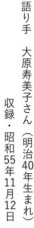

15 猿の生き肝（八頭郡智頭町波多）

語り手　大原寿美子さん（明治40年生まれ）
収録・昭和55年11月12日

昔、竜宮の乙姫さんが病気して「猿の生き肝でなけにゃ治らん」いうことで、「猿の生き肝を取ってくるにゃ、だれを頼もう」「亀がよかろう」いうことになる。亀を頼む。松の木に猿がおった。「おまえは山ばっかりおって、海の底ぅ知らんけえ、見たかろうが」「見たい」「連れていってあげるけえ、うらの背なへ乗れ」。猿が背なへ乗って、竜宮に連れて行った。

竜宮へ行ったところが、魚の舞いから、踊りから歌からまあ、ごつうにもてないて、ご馳走になって、猿が腹をこわいて便所へ起きたところが「猿のあほう、明日《あす》は生き肝抜かれるぞ」言うて、クラゲが、子守歌でうたいよった。

そいから寝るどこではなくて亀のとこへ行きて、泣くじゃそうな。「何で泣くじゃ」。猿は「うら、陸の浜辺の松の木の枝へ生き肝を干いといたが、夕立が来たら濡れる思やぁあ、悲しゅうてこたえん」と泣くじゃそうな。「そげなことを悲しむことがあるかい。また、ぅらの背なへ乗って、生き肝をじきぃ取ってくりゃええじゃ」。

亀が言うもんじゃけえ、「ほんなら、乗してぇ」言うて、そいで猿が亀へ乗って、そして陸へ上がると、じき、猿はごそごそっと松の木の枝へ上がっとって、何ぼしても下りてこんもんじゃけえ、「早う下りいや。もう取ったろうな。もうずっと、もう持って下りいや」いうて亀が言うのじゃそうな。「何がそげぇな下りたりするじゃあや。猿の生き肝や何やとって、ぅらぁ生きちゃあなんや、おられせんや。あほう言うたって、猿の生き肝や何や、そげぇな取ったり干したりするわけのもんじゃあない」いうて言うしして、それから、しかたぁない。そいから、石ゅういっぱいこと持って上がっといて、亀の甲に何のかんのはない小石を投げたもんじゃけえ、そいでまあ、亀の甲は割れて、そぎゃしてもどって、そいやして、まあ、

「こぎゃこぎゃあじゃった」いうやあな、たいへんに叱られるし、クラゲは、そんで、大きい骨は抜かれるし、小骨は溶けるしするようなこって、クラゲは骨はのうなるし、そがして叱られたとや。

解説

関敬吾『日本昔話大成』の動物昔話の中に「猿の生肝」として、次のように戸籍が紹介されている。

1、竜宮の乙姫が病気になる。亀（海豚《いるか》・犬）が使者として肝をとるために猿を連れに行く。2、生肝をとられると、海月《くらげ》（蛸《たこ》・針河豚《はりふぐ》）が猿に密告する。3、猿は生肝を忘れたというので再び連れて帰ると逃げる。4、海月は骨を抜かれ、亀は甲を割られる。

亀の甲羅の模様を猿に石をぶつけられて割れた説明としているのも面白い。

16 三枚のお札（八頭郡智頭町波多）

東部

語り手　大原寿美子さん（明治40年生まれ）
収録・昭和54年9月22日

昔、お寺があって和尚と小僧が住んでいた。

寺の後ろの山に栗の木があり小僧が「栗拾いに行きたい」と言う。和尚が「鬼婆がおるけえ、行かれん」と言うが、頼むので、お札を三枚渡し「危ないおりに頼むじゃ」と出した。

小僧が大きい栗を拾っていると、婆さんが出て「こっちに栗がある」と言うので、行って食べていたら、日が暮れてしまった。おばあさんが「家で泊まって、朝いぬるがええ」と言う。

ついて行くと、おばあさんは栗を食べさせた。小僧が眠くなり眠ってしまう。夜中に目覚めると雨垂れが「婆さんの面《つら》ぁ見いトンツラトンツラ」言っている。

小僧がおばあさんを見たら、鬼婆に変わっている。小僧は帰ろうとすると、鬼婆が「何すりゃあ」と言う。「小便が出したい」「そこへひれ」「もったいのうてひれん」「ほんなら、行け。」と鬼婆は小僧の腰に綱をつけて外で待っている。

小僧はお札を出して「『まんだ出ん』言え」と頼んで、窓から出て逃げた。「まんだ出んだか」と鬼婆が言えば、「まんだ出ん……」とお札が言う。鬼婆が戸を開けたら小僧はいない。鬼婆は足が早く追いついたとき、小僧はもう一枚のお札に「砂山出え」と言ったら、大きな砂山ができた。鬼婆が山に上がると滑って落ちる。やっと下り、また追いつきかけたら、最後のお札に「大きな川を出してくれ」と頼む。鬼婆はその川がなかなか渡れない。小僧が寺へ帰り大根壺に隠してもらう。鬼婆が寺に入ってきた。

和尚は囲炉裏《いろり》で餅を焼いて食べていた。「うまそうな餅じゃ、うらにも一つごせ」「うんやろう。それよりおまえも鬼婆いうぐらいじゃけえ、化けることはできよう」「うらも化けるし」「おまえから先化けてみい。高つく、高つく、高つく……」。鬼婆は天井まででつかえたので、今度は「低つく、低つく……」と言っていると、豆ぐらいになった。

それを見た和尚は、焼けて熱くなった餅を二つに割って、豆ぐらいになった鬼婆を餅に挟んで、口の中へ放り込んで食べてしまった。それから鬼婆は出ないようになった。

そればっちり。

解説

関敬吾『日本昔話大成』では本格昔話「逃竄譚《とうざんたん》（逃げ隠れる話）」の「三枚の護符」に戸籍がある。

和尚の言いつけを聞かず、誘惑に負けて栗を拾いに出かけた小僧が、鬼婆の化けたおばあさんに、危うく食べられそうになりながら、危機一髪、もらった呪宝の三枚のお札で、鬼婆の魔手から脱し、和尚の機転でその鬼婆も退治されるという物語である。大原さんのみごとな語りを鳥取県立博物館のホームページで味わっていただきたい。

筆者はなぜか『古事記』のイザナギノミコトが黄泉の国から逃げるところに重なる気がしてならないのである。

17 地蔵浄土（八頭郡智頭町波多）

東部

語り手　大原寿美子さん（明治40年生まれ）
収録・昭和62年8月23日

昔、正直なおじいさんとおばあさんとがいた。おじいさんが山へ畑打ちに行くのでおばあさんが握り飯をしてやった。

昼飯を食べようと風呂敷をほどいたら、むすびが転ぶのでついて降りたら、お地蔵さんの前へむすびが止まった。おじいさんは泥のついたところは自分が食べ、つかんところを供え、「お地蔵さん、あがりませ」とお地蔵さんにあげた。

お地蔵さんが「おみゃえは感心なじいじゃ。わしの膝へ上がれ」「もったいない。膝なんかに上がれるだい」「上がれ」膝に上がると、「肩に上がれ」。肩に上がったら「頭に上がれ」。「よう上がりません」「正直なじいさんじゃ、上がれ」。お地蔵さんの頭に上がったら、「にぎり飯をくれたお礼に笠ぁ一つやる、鬼がきて、銭めぇて丁半《バクチ》をするけえ鶏の真似をするんじゃ」と言われた。

本当に赤鬼や青鬼が来て、銭をまいて丁半をしだした。おじいさんが笠をカサカサ音をさせたら、鬼たちは「鶏じゃ。夜が明けた。いなにゃ」と帰ってしまった。「ほうびにお金をやる」。

おじいさんがもどった晩に隣のじいさんとおばあさんが風呂に入りに来たから、話したそうな。

次の日、隣のおばあさんがおじいさんにむすびを作ってやった。おじいさんは昼にもならないのに、むすびを穴に落とし、そこを無茶苦茶にもぐりこませて、泥だらけになって下りた。

お地蔵さんがおられたから「腹がへったろう。おにぎり、お地蔵さんも食べんさぇ」。泥だらけのところを供え、よいところだけ、自分が食べた。

隣のおじいさんはお地蔵さんが言われないのにお地蔵さんの膝、肩、頭へ笠を持って上がっていると、青鬼やら赤鬼やら出てくるから、笠をカサカサさせ「コケッコー……」と言ったら、「夜が明けた」と、鬼が逃げてしまった。おじいさんは、銭がみんなもらえるわーと思って帰ろうと思ったら、一人、逃げ遅れた鬼が、近くの自在鈎《かぎ》に鼻がひっかかって、どうしようにも動かれないものだから、そいから、「おーい」と鬼たちを呼びもどした。おじいさんは、つい、おかしくなって笑ってしまった。

「鶏の真似をしたのは、この糞じいじゃ」と、鬼たちはおじいさんを捕まえとてもひどい目にあわしたので、おじいさんは、どこも血だらけになり、手足も血だらけになって、もどったと。だから欲ばりはするものではないよ。

それぱっちり。

解説

関敬吾『日本昔話大成』の話型では本格昔話「地蔵浄土」になる。この話によく似ているのに「鼠浄土」という話もある。ここでは明治生まれの大原さんの豊かな語りをしっかり楽しんでいただきたい。

東部

18 多根《たね》の藤助（八頭郡智頭町波多）

語り手　大原寿美子さん（明治40年生まれ）
収録・昭和62年8月22日

昔、倉吉のそばの多根に藤助いう度胸のすわった男がいた。倉吉から晩遅く帰っていたら、狼が藤助にすりよって、大きな口を開けるから、見たら骨が喉につまっておる。喉に手を入れ取ってやった。狼が頭を何回も下げ逃げてしまった。

藤助がもどってみると、娘さんが「今夜泊めてつかあさい」と言う。泊めてやったら、娘はご飯を煮てちゃんとし、「嫁にしてつかあさい」と言うので嫁にした。毎日よく働くから、藤助も楽しく過ぎていった。

ある晩。「藤助さん家のねえさん、用がある」言うので、出たところ、狼の連れがいっぱい来て「その松の木のエボに六部（国内六十六寺に写した法華経を納めて回った僧）が泊まっておる。今日は餌へありついたと思い、つげ狼を次い次いするけど、一人足らん、行ってごされんか。六部の脚を引っ張って落としたらええけえ」と言った。

藤助の嫁さんは「すぐもどるけえ。暇つかあさいや」と出て行った。

時間がたったら、もどってきて「わしゃあ藤助さんに助けられた喉の骨を取ってもろうた狼じゃ。恩になったけえ、藤助さんに金もうけさせようと、人間に化けて手伝いをしょう思うたけど、見破られたらしかたがねえ、別れをせにゃあならんじゃ」と言った。

藤助は「田植えをする今になって、いんでごしたら困るなあ」と言ったら、「その方は心配ない。田圃を鋤《す》いて苗配っとかれたら、連れがみな来て、田は植えてあげる」と言う。

それから藤助が田のすき取りをして苗を配っておいた。十五日の夜になった。

多根の藤助の
この田の稲は
穂にはならず
水ばらみ

と言う声がする。

「穂にはならず水ばらみて、変なケチな歌ぁうたうなぁ」と思ったけれど、夜が明けて朝になって出てみれば、大きな田がきれいに植えてある。

そうしていたら、よその家の稲は全部穂を出すのに、藤助さんの稲はちっとも穂を出さずに、背は伸びるばかりだった。

それから稲を刈って、臼に入れて挽いてみたところ、その藁がみんな米になって、いつもの年より五倍も米ができた。

藤助さんはいい暮らしをしたそうな。獣でも恩返しをしたのだそうな。

それぱっちり。

解説
関敬吾の『日本昔話大成』で見れば本格昔話の「動物報恩」で「狼報恩」があるが、田植えなどの後半部分はないので、この部分はこの話が発展したものということができる。
また、この話はあちこちで聞くことができるようで三朝町の山口忠光さん（明治40年生）からもうかがっている。

東部

19　旅人馬（八頭郡智頭町波多）

語り手　大原寿美子さん（明治40年生まれ）
収録・昭和62年8月21日

昔、財産家の一人子と貧乏人の一人子が仲が良く、どこへも二人はいっしょだった。

「大きくなったら旅に出よう」ということになった。

ある宿屋に泊まった。

夜、金持ちの子どもは布団に横になると、寝込んでしまう。貧乏な家の子は、眠れないでいると、夜中に女中か奥さんか知らないけれど、襖を開けて来て、火箸できれいに囲炉裏《いろり》のごみを取って、持って出た籾《もみ》を稲をまくようにまいて、灰をかけてならしたら、見る間に、籾が芽を出し、大きくなって穂が出た。女の人は穂を刈り取って、稲こきでこいで米にし、粉をひいて団子にした。

朝、その団子がご飯の茶碗に入れてある。金持ちの子は食べようとするが、貧乏な家の子はその子の膝をむしったりして、食べさせまいとするけれど、金持ちの子は一向に気づくことなく食べてしまった。

すると、その子はすぐ馬になってしまい厩へ連れて行かれた。朝起きるとすぐ田圃を鋤《す》かせられた。

貧乏な家の子はその団子を食べなかったから、人間のままで「何とか仲間を助けてやろう」と思いながら、そこの宿屋を出て先へ行っていたら、一人のおじいさんがおられ、「どこ行きよるじゃ」と言われたそうな。

「実はこうこうじゃ」って話したら「その馬が元の人間にもどる方法を教えてやろう。これから先に一反畑があるけえ、その一反畑に茄子《なすび》がいっぱいこと植えてある。東に向いて七つなっとる茄子を七つ食わせたら人間にもどる」と言われた。

その子が言われたとおり行って一反畑を見るけれども、都合よく茄子はなっていない。やっと東に向いて七つなっている茄子があったので、取って宿屋までもどって、茄子を一つ食わせ、二つ食わせ、三つ食わせ……とうとう七つ目の茄子を喉から腹へ入れたと思ったら、ころっと馬は人間になった。二人が無事に家へ帰ったそうな。家の人たちが「おまえらぁも修行してきたか」と言ったら「こうこうこういうわけで、難儀な目に遭うたけど、この友だちがええ友だちで、こうこうしかじかじゃ」て言うた。お父さんは「助けてごさなんだら、馬で一生、立てていかにゃならんじゃったださなあ、ほんにこれでよかったけえ。財産は半分こにして立てるじゃぞ」と言ったそうな。

そうして、大きな長者のような財産をまっ二つにして、どちらもが安楽に生活できるようになったとや。

そればっちり。

解説

関敬吾『日本昔話大成』では本格昔話の「逃竄譚」に属している、

山陰地方ではあまり類話に出会えない話である。金持ちの子と貧乏人の子が仲がよいというのも珍しく、人びとに好まれているようだ。

20 天狗の隠れ蓑（八頭郡智頭町波多）

東部

語り手　大原寿美子さん（明治40年生まれ）
収録・昭和54年10月5日

昔、博奕打ちが博奕に負けて、褌一つになってしまった。山には天狗がおって上がったら、あの峰に投げ込まれると言われている。

博奕打ちはみんな恐れるその天狗の山にまたがって、自分の商売道具じゃけえ、サイコロころころっと転がしちゃあ「大阪が見えた」言う。また拾うて転がしちゃあ「江戸が見えた」転ばしちゃあ「京都じゃあ」言うて一人で喜んどったら、天狗さんが出て「おまえはええもんを持っとるじゃ、そりゃほんに見えるだか」「ほんに見える」言うたら「わしは隠れ蓑と隠れ笠と持っとる。それと替えてくれんか」「替えてあげる」言うて替えたが最後、隠れ蓑と隠れ笠と持ってとんでもどって、昼間働いといて、晩は隠れ蓑を着て、隠れ笠かむって、飲食店や茶屋とか飲み屋へ入っちゃあ、ご馳走出とるのを、酒も飲み、ご馳走も食い、ご飯も食うなどみな平らげてしまう。この銚子《ちょうし》もあの銚子も空になる、いうようなことで、毎日たちよった。

男が働きい出とる間へ、お母さんが「掃除をしよう」と箪笥《たんす》を開けて見たところが、汚ない破れた古い笠と蓑と出たけえ「何ちゅう汚いものをお父っつあんは入れとられるじゃろう」思うて焚いてしもうた。

博奕打ちが腹ぁ減ってもどって、また、今日も出ようと思って箪笥を開いて見たらなんぼ探いても隠れ蓑がないし「おい、おまえ、知りゃあせんかや」言うたら「あそこへ捨てたけど、火をつけて焼いてしもうた」「うーん。何ちゅうことをしたじゃあや」言うて、そこへ行って、その灰をちょっと手に塗ってみたところが、手がちょっとも見えんしする。「こりゃええことじゃ」思うて、そいから、体中にどっこにも塗って出たところが途中で、しっこがしとうなって、しっこをしたところが、濡れたら灰じゃけえ落ちてしもうて、そいでそこだけ出てしもうて、何も知らんじゃけえ、行って飲み屋からご馳走が出とる。酒から肴《さかな》からご飯から出とるのを、片っ端から酒を飲んで行く。肴を食うて行く。

「そりゃ天狗が出た。みな平らげる」言うて、飲みおったところが、みんな逃げてしもうて、まんだ何ぼうでも食うたら、そばから見おるところが、何じゃかぶら下がっとる「こりゃ何じゃ、ありゃ天狗さんじゃあないぞ、ありゃ人間のものじゃぞ」言うて寄ってたかって「懲らしめなぁいけん」言うて、大勢が寄ってたかって、灰がはげたら人間じゃ、とうとう縛られたとや。

それぱっちり。

解説

この話は大原さんの母方のおじいさんから聞かれたもので終わり方にユーモアを秘めた笑いがあるのである。

関敬吾『日本昔話大成』によれば、笑話の中の「誇張譚」に「隠れ簑笠」として戸籍のある話である。

21　猫とカボチャ（八頭郡智頭町波多）

東部

語り手　大原寿美子さん（明治40年生まれ）
収録・昭和62年8月23日

昔、よい家が猫と鶏を飼っていた。

その猫が「毎晩、家の旦那さんは、魚を食うて酒飲んでご飯を食べられる。旦那さん殺いたら、魚が回ってくるに」と言う。鶏は「おめえは、家ぃおるけえ、そぎぇなことをよぅ知っとる。そいじゃけど旦那さんを殺すことはできんこっちゃ」て言えば「うらの尾っぽい毒ぅちょっとまぶって、それを魚いまぶったら、旦那さんが死ぬる」「恐ろしいことをどうにかして旦那さんに知らしてあげたい」と思う一念で、毎晩「コケコーロー」と喉を震わして雌鳥が鳴く。

「夜さり、鳥が鳴くことは、何ぞの知らせか、気味が悪うてこたえん。長年飼うとる鶏じゃけど捨てるじゃわ」と、その雌鳥を山へ捨てた。

六部さんがそこを越して一休みしていたら、雌鳥がパタパタと出てくるので「家のないとこに鶏がおる」と不思議に思っていたら、喉を震わして鳴くそうな。

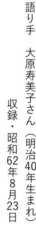

野佐《ぬさ》の淀山《よどやま》さんを
猫が取るー
コケッコーコケッコー

『淀山さんを猫が取る』確かに言うと六部さんは、降りて村で問うと「淀山さんならそこの家じゃ」と教えられたので、行って話した。「そうか。うちから捨てた鶏じゃ、そのことを知らしてごすようなら鶏を捨てなんだ。猫も長年飼うたもんじゃし、鶏も長年飼うたもんじゃけど、鶏は何いっても夜中に鳴くと気味が悪うて、何かの知らせじゃろう思うておったんじゃ」と旦那さんが言った。

それから「鶏を連れてもどれ」と連れてもどってから「おまえが知らしてごしたじゃか。六部さんが来て、聞かされた」と話していたら、それを縁の下から猫が聞いていた。「この極道猫が」と床の下へ竹竿の先を削って槍のようにしてつついたら、猫の目の玉へ突き刺さって死んだので穴を掘って埋《い》けたそうな。

その明くる年にそこからカボチャが芽を出して、何貫目もあるような大きな実ができ、見せ物になり、みんな見に来た。

「このカボチャが、種もないのにこんなとこへ生えるいうことはおかしい」とそこを掘ってみられたら、猫の目の玉からカボチャが生えとったのだそうな。そればっちり。

解説

話に出る野佐という地名について大原さんにたずねしたら、四国にある地名かも知れないとの答えだったが、詳細は分からない。関敬吾『日本昔話大成』で、戸籍を探してみると、二つの話が一つになって変形しているようだ。いずれも本格昔話に属し、一つは「動物報恩」の「鶏報恩」であり、いま一つは「愚かな動物」の「猫と南瓜」になると思われる。

話の背景には、猫の怨念が毒カボチャを生じさせたことになっている。陽気な犬に対し、猫はなぜか陰気な存在として描かれるようだ。

22 ネズミ浄土（八頭郡智頭町波多）

東部

語り手　大原寿美子さん（明治40年生まれ）
収録・昭和51年9月22日

昔、おじいさんがおばあさんに、ソバがえ餅（蕎麦と米を混ぜて作った餅か?）をもらって、畑へ出かけていった。

昼。昼まま食べようとしたらネズミが来た。見たら、かわらしいから「おめえにもやろうかなあ」言うて、ソバがえ餅をやると、うまそうに食べる。次々にネズミが来るものだから、みなあげて自分のはなくなってしまった。

おじいさんが家にもどって「今日、ネズミが来たけえ、やりよったら自分は食べようがなかった。けど、いいことをしたわや」「そりゃいいことをしたと思やあいいわ」と言っていた。

明くる日、山へまたソバがえ餅ぅ持って行ったところ、今度もネズミがたくさん出てきて「昨日はありがとうござんした。今度はネズミの浄土へ連れて行ってあげるけえ、わしの尾っぽへさばって、目ぇつぶっとりんさい」と言った。

おじいさんは目をつぶり、ついていったところネズミ浄土があって、ネズミたちが餅をつくやら、ご馳走を刻むやらいろいろして、おじいさんはご馳走になった。「いなれるおりにはこれを持っていにんされえ」と土産に宝物などをくれた。そいで、また「おじいさん、尾っぽへさばれ。目ぇつぶれ」と言うので、またそうしていると、そのうちもどったそうな。

隣のおじいさんがやって来て、羨ましくなってわけを聞き「うらもしてみよう」と言って帰り、ソバがえ餅を持って畑へ行き、ネズミが出てきたので「われにもやるぞ」とソバがえ餅をみんなやったら、そうしたら、ネズミがネズミ浄土へ連れて行ってくれた。

一人のネズミが「わしらは猫いうもんがごっと(一番)好かんじゃ。ニャオーいうことだけは言いなさんなよ」言った。

そうしたところが、欲ばりじいさんなので、宝がほしくてたまらないから、つい「ニャオーン」と猫の鳴き真似をしたら、ネズミたちがみな逃げてしまった。そうすると、真っ暗になって、ネズミも一匹もいないそうな。「いろいろな宝物をさらばえて持っていのう」とそれらをかき集めて、いくら出ようと思うたって、そこはまっ暗いし、土の中から少しも出ることができず。その欲ばりじいさんは死骸になってしまった。

そればっちり。

解説

四二ページの「地蔵浄土」と並んでよく知られる地下の世界から主人公が宝物を得る話である。

山陰両県で語られる内容は、主人公もネコの鳴き真似をしてネズミを脅《おど》かし、米とか餅、あるいは宝物などを持ち帰り、それを聞いた隣の爺が模倣して同様にふるまうが、ネズミに見破られて失敗するというのが一般的である。この語りでは、それとは違っているが、こちらの方がどうやら全国型のタイプと認めるべきもののようである。

23 貧乏神（八頭郡智頭町波多）

語り手　大原寿美子さん（明治40年生まれ）
収録・昭和54年10月7日

昔、横着なお母さんがあって。子どものおしめは庭へほおっとき、ほんに汚うしてたちよった。その家は、貧乏で難儀でこたえん。大歳が来たって横着なじゃけん、庭を掃こうとも、座敷の戸を拭こうともせん。

ちいと離れたとこい分限者がおって、下男や下女を使うておるしして、そうしよったら「大歳にゃ、きれいにせにゃいけんじゃ」言うて、おかみさんが言われて、拭いて、きれいにした。

そして「きれいにしましたけど」て言うたら「旦那さんが見てごされりゃええけど」言うたら「まあ、出て見んしゃいなあ」言うて。

そいから旦那さんが出て見られたけど「みなきれいにしてくれたなあ。これでほんに大歳のようなええなあ」、旦那さんもおかみさんも喜んで見てごされた。

庭の隅に掃きだめがあって、「どっこもきれいなけど、そこへ掃きだめがあるがなあ」言うたら「ほんです。ほんです」言うて、女中がじきぃ箒と箆を持ってきて、それを取ってしもうて、きれいにした。

そうしたら貧乏神が言うことには「どこへおろう思うて大歳にゃ、まっぽう回りよるけど、この家にはうらのおるところはねえ、そうして庭の掃きだめへ立っとったけれど、その掃きだめを取ってしもうたらおり場はねえ」言うて出てしまうし、その横着な横着なおかあの家にゃあ、貧乏神がみんな行って貧乏するじゃちゅうだけえ、とにかく大歳の晩にはなあ、きれいにしまいこと、日々が晩のしまいことには、座敷と庭ぁ掃いて掃きだめぇいうことをすんなよ。

「そいじゃけえ、掃きだめを取るじゃで。大歳の一年中の晩のしめぇことと同しこっちゃけえ、掃きだめを取るじゃで」言うて。

そして、家でも言いよりました。

「そんな汚ねぇ、その家へみな貧乏神が行って、その長者にゃあ、おるところがなかったとや」言うて。

今でも、その大歳の晩にゃ、きちーんと掃いたり拭いたりして、そして掃きだめぇいうことは、ちょっともおかんようにして、子どもらあにも教えますじゃで。それで貧乏神が、おるとこがなかっとや。

それぱっちり。

解説

昔話の中には、それとなく秘められた教育的機能があるが、この話などは典型的な事例だといえる。

子どもたちにさりげなくこの話を聞かせて、怠けることを戒め、自然に掃除をしようという生活習慣をつけるよう期待しているのであろう。

学校教育制度のなかった昔においては、このような昔話は人々にとって非常に重要な教育機能の意味を持っていたのである。

東部

24 貧乏神と福の神（八頭郡智頭町波多）

語り手　大原寿美子さん（明治40年生まれ）
収録・昭和54年10月7日

昔、とても貧乏な家があった。大歳の晩に家の取れる柱は取って囲炉裏《いろり》にくべて当たっていたら、奥の方から、出てくる者がある。おじいさんで、髪も口髭も白髪だらけで、ぼろな着物を着て、囲炉裏へ座る。亭主が怒って「だれじゃ、人の家の奥の間から出てくるもんは」「貧乏神じゃ」「貧乏神じゃと。うらの家はこれだけ貧乏して困りよるのに」と言ったら「うら、この家に入りこんでから八年たつ。こんねばっかりおるじゃ」と言った。

「何でうちばっかりおらにゃならん」と怒りかかったら「そげぇ怒んな。話いて聞かせたる。こん家のおっかあは、うらの好いたことをするけえ、この家が好きでここをいろげんじゃ（居座る、の意味）」と言う。

「ここいクド（竈《かまど》のこと）があろうが。その前へカンス（鑵子）に入れとる茶かすぅをうつすし、ままぁ（飯）食うたら、飯粒ぅさらえて、このクドの前へ移す。まことにうらは好いとってこの家はいろげんじゃ。どげんさえなりたけりゃ、このおっかあをぼい出せ。追い出いたら言うて聞かせたろう。大歳の晩と二日の晩に殿さんの行列があるけぇ、駕篭の中が殿さんじゃけえ、天秤棒を持って、ぶちかかって駕籠を砕くじゃ。そがしたら殿さんが飛んで出られるけえ」

亭主も観念して、おっかあに「八年もいっしょにおったけど、こげぇ難儀ぃしちょったらかなわん。おまえも別れにゃあならん。どこぞへ出てごせぇ」。おっかあはしぶしぶ出て行く、

正月二日に殿さんのお国替えで、行列が「下に、下に……」と通るから、亭主はこのときこそと、とんで出て、「えい」と天秤棒でたたいたら、家来の方をたたき回っした。

「やり損のうた」。貧乏神は「待て待て、一週間したら殿さんはもどってこられる、今度ぁ殿さんをめがけにゃいけんで」。

それから、一週間たった。

殿さんの駕篭をめがけて天秤棒でたたき回ったところ、大判や小判がいっぱい駕篭から飛んで出た。

亭主はかき集めたら「これで家も建てられようが。これでええじゃ」と貧乏神が言った。「こいだけ金ができたら、うらはおれん」言うて貧乏神が出たとや。

そして福の神が家に舞い込んだということで、亭主は新しくよい奥さんをもらって、楽しゅうに暮らいたとや。そればっちり。

解説

類話は全国的に存在しているが、さほど多くはない。関敬吾『日本昔話大成』で調べても、中国、四国あたりにあるが、それ以外では数えるほどしか見つからない。

このような話が好まれるのは、昔から貧乏人が多く、何とかして福の神を迎えて生活を豊かにしたいという願いが、庶民の間にあったからであろう。

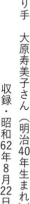

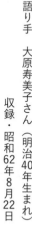

25 分別佐平（八頭郡智頭町波多）

東部

語り手　大原寿美子さん（明治40年生まれ）
収録・昭和62年8月22日

昔、分別佐平という分別（物事の道理を弁《わきま》えてあれこれ言うこと）ばかりしていて、仕事もしない男がいた。お母さんは「正月が来るのに、餅なり酒なり買えりゃあせん」というと佐平は「山へ行って仕事してみょう」と出ていった。お母さんが「わしの方が儲けよう」と隣の長者の隠居を呼んで屏風を立て「隠居さん、転びんさいな」と、隠居を抱き転ばして寝ていたら、左平が帰ってきて様子を見て腹を立て、割木を隠居めがけ投げたら、死んでしまった。左平が「死んだ者はしかたがない。分別がある」と言った。

傍らの空き家で若衆が毎晩丁半（サイコロばくち）をしている。その隠居さんは、そこへ行って「警察に言うたる。こげなことは悪いことじゃ」「タバコ銭あげるけえ、大目に見てなあ」とあげたりしていた。分別左平がその隠居を負って、丁半をしているところの戸口へ行って、隠居さんを立たして、自分が鼻をつまんで隠居に似た声を出し、

「毎夜さ毎夜さ、警察へ言うで」。

　気の短い男が、何か持って出て隠居をたたいたら、もともと死んでいるから、ころんと転んでしまった。

「これは困った」と相談し「分別左平に行って、頼まにゃどげしようもない」と頼みにやって来た。「ええ分別を出いてみい」と言う。佐平は「よしよし」「負わしてごしぇえ」とそれを負うて、隠居さんの家へ行って、「ばあさ、開けてごせえや、今もどった」と言えば、「何が今もどったって、左平のおかあのとこへ行っとって。今夜こそはもどしゃあせん」「もどいてごさにゃ、池へ飛び込んで死んでしまうぞ」「死ぬなとこけるなと、どぎぇなとせえ」。その隠居を前の池の中へつっこんませた。ジャボンという音に「本当にじいさんが飛び込んだ」と、おばあさんがみんなを起こして、隠居さんを上へ上げて、またそのおばあさんが佐平のところへ相談に来た。「そりゃあ悪いことじゃったなあ」と佐平はもったいをつけて、介抱したふりをし、「湯ぅわかしんさい」と風呂を沸かさせて、死んだ隠居を湯に入らせて、上げて寝させて「まだ温いじゃけえ、お医者に言うじゃ」と布団を着せたら、医者が来て診た。「温いけど息が切れとる。どうしようもない」と言った。

　佐平はおばあさんの方からも若衆の方からもたくさんお金をもらうしして、いい正月をしたとや。

解説

関敬吾『日本昔話大成』では笑話の「狡猾者」の中の「俵薬師」に相当する。

　分別佐平なる男は、人殺しを犯しながら、知恵の使い方によっては罰せられずに済むばかりか、かえって大金をもうけてしまう。これは道徳的に考えれば、許されない内容を持った話であるが、昔話の世界では不思議と認められている。人間の反面の心理を描いているのだろうか。

26 蛇婿入り①（八頭郡智頭町波多）

東部

語り手　大原寿美子さん（明治40年生まれ）
収録・昭和54年9月22日

昔、猟師が山へ行ったら、その日は何一つも獲物が捕れません。「何かないかなあ」と考えていたら、そこにいい男がいました。それは蛇が男に化けていたのです。猟師は男に尋ねました。「今日は猟がない日じゃが、鳥か兎かおるところを知らぁせんかしらん」「教えてあげる代わり、おまえの家の下手《しもて》のものをくれるか」と男は答えました。

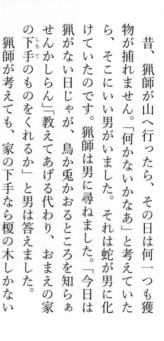

猟師が考えても、家の下手なら榎の木しかないのでやってもよいと思い「やるけえ教えて」と言いました。「この谷の右の奥に行ったところに、鳥も兎もおるけえ」と言うので、行ってみますと、本当に鳥も兎もいたので、とてもよい猟をして帰りました。

「家の下手のものをやる約束をしたが、榎の木をやらにゃいけん」と言うとお母さんが「今日は娘が下手の方へ日向ぼっこに行って、機の糸をよったじゃが」「そうか、あのことが娘でなきゃいいがなあ……」と言っていたところ、二、三日してからりっぱな侍がやってきて「約束どおり下手のもんがほしい。」と言いました。

「榎の木のことじゃろう」「違う。娘のことじゃ。わしの嫁にしようと思うんじゃ」「娘とは知らず約束したのじゃけえ、こらえてくれえ」と猟師がいくら頼んでも侍は聞きません。しかたなく娘に「嫁に行ってくれ」と言いますと、悲しんでいた娘も承知しました。

「いついつかには、迎えに来るけえ」と侍は帰って行きました。猟師は娘に

「何なりと好いたものを買うたる、言ってごせえ」

「桐の枕、千と、針を千本を櫃《ひつ》（蓋の開く大型の箱）に入れてくれ」娘が言いますので、猟師は言うとおりにしてやりました。

その日が来ると侍が迎えに来ました。「おまえの住み家はどこじゃ」「この谷の奥の大きな堤のあるそこじゃ」と言います。男が娘を連れてそこまで行きました。娘は「そりゃ嫁の荷物じゃで。これを沈めにゃ嫁入りはできん」と言って、櫃の中から桐の枕を千出して堤の中へ投げ入れました。侍が急に蛇の姿に変わって堤に飛び込みました。それを沈めようとしますけれど、一つ沈めれば一つ浮きして、みんなよく沈められなくて、疲れきってしまい、堤の上に上がって、ぐっすり昼寝をしてしまいました。それを見た娘は、針を出し、蛇の鱗を一つ一つ起こして、その下へみんな針を刺して蛇を退治して帰ったということです。

それぱっちり。

解説

この話は、蛇の役割が、常とう的な田の水を当てるものではなく、猟師に獲物のありかを教える代償として謎めいた要求をするのである。

ここから、蛇は農業神たる水神ではなく、狩猟を司る山の神的な存在として考えればよいように思われる。

この話は関敬吾『日本昔話大成』で本格昔話「婚姻・異類聟」の「蛇聟入」に該当する。

東部

27 蛇婿入り②（八頭郡智頭町波多）

語り手　大原寿美子さん（明治40年生まれ）
収録・昭和62年8月23日

昔、社《やしろ》に金屋《かなや》というところがありまして、その奥の「金屋の洗足《せんぞく》」に蛇が住んでおったふうです。

金屋にいい娘さんがあって、青年が毎夜、遊びに行くしししていた。寝しなにみんな帰るに、いい侍格好の男は、一人残って、毎夜、泊まって帰るじゃそうな。

お母さんが心配して「どこの若衆じゃ」「何にも言いさらんで」「名前も言わず、ところも言わんような者を泊めちゃあいけんで」

お母さんがしゃんとした人で「この男の正体を見届けてやろう」と男が帰るおり袴の裾に針で麻ひげを通して、縫いつけておいた。

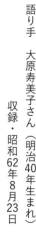

その男は、次々と道を通って金屋の奥に苧《お》糸を引っ張ってもどったそうな。ところが、正体が蛇だったから、着物も袴も着てはいないのだから、実際はその尾っぽに針を刺されているので、痛いのだから「痛い」と寝てしまったそうな。

娘さんのお母さんは、朝早く起きて出て雨垂れ石を見てみると、血がついているので、「こりゃあおかしい」と思って、ぼとりぼとり落ちている血痕を捜して山へ上がって行ったら、金屋の奥の洗足まで続いていて、そこに家があって大きな蛇が寝ている。

　そうして「痛い」と言っているそうな。「人間ほど恐ろしい者ぁない言うに、おめえが人間に近よるけえ、そいでこの目に遭うじゃ」と言う蛇のお母さんの声も聞こえるそうな。

「痛いしするけど、お母さん、心配せんでもいいじゃ。わしが子どもを人間の腹に残いとるけえ」と言う。蛇のお母さんは「そんなことを言うたって、人間はりこうなもんじゃけえ、五月の節句にあの菖蒲で屋根をふくがよう、それから蓬《よもぎ》を摘んで、屋根をふくがよう、それより内にゃあ入れんじゃあ。そいだけえ、人間は恐ろしいもんじゃ」。

　それを聞いた娘のお母さんは「いいことを聞いたがよう」と、もどって、娘にそのように言いいました。

　娘も「お母さん、ほんに悪いことした。毎夜さ寝るに、人間の肌でない、ほんに冷たい肌じゃった」と言った。それから、大きな釜に煮え湯を沸かしているうちに、娘のお産が始まった。出るものをみんな煮え湯をかけて、殺してしまった。煮え湯の残りがなくなり、一つだけ蛇の子が残ってしまったそうな。みんなは「煮え湯がすんだし、こなはきれいなもんだわ。こげな小さいもんを殺さんでも、どこぞで死ぬるわ」と言って放っておいたのが、蛇が切れなかったもとだとや。

　そればっちり。

解説

「蛇婿入り」は全国各地に類話が多い。その中でも「苧環《おだまき》型」と分類されるものであり、この話は『古事記』の三輪山伝説の系統を引くものである。なお、三輪山とは、奈良県桜井市北部にある標高四六七メートルの山をいう。

28 竜宮の洟《はな》垂《た》れ小僧さん（八頭郡智頭町波多）

東部

語り手　大原寿美子さん（明治40年生まれ）
収録・昭和55年11月12日

昔、おじいさんとおばあさんと貧しくて難儀して暮らしよったそうな。

お花を取ってきて売っていたけれども、売れないときには、川へ向かって、「竜宮の乙姫様にあげましょう」と投げ入れていた。

本節季（大晦日）にちっとも売れないので、「お花ぁ、竜宮の乙姫様に進《へん》ぜましょう」と川に投げ入れたら、渦巻の中へ巻き込まれ、そのまま川の底へ沈んでしまった。

その晩に、なんとやせこけた情けなげな娘が訪ねてきて、「おじいさん、竜宮城にはお花がのうて困っておったとこへ、ええお花もろうて、ほんにありがとうございました。おじいさんを竜宮に連れのうて来い、いうことで迎えにきたけえ」と言うから、おじいさんはその娘について行った。大きな亀がおって、「背なへ乗って目をつぶりんさえ」と言うので、目をつぶっていたら、竜宮へ着いた。

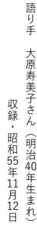

竜宮ではあれこれご馳走してもてなされた。娘が言うことにゃ、「乙姫さんが『何かやる』と言われても『洟垂れ小僧がほしい』て言んさいや」と言うから、「何を土産にしような」と乙姫様が言われたら、「洟垂れ小僧がほしい」と言った。乙姫様は洟垂れ小僧さんをくださった。

それは洟を出して、汚《きたな》い汚い小さい小僧さんだそうな。この小僧さんには米や酒がなくなれば、「米や酒がほしい」と頼めば、米や酒を出してくれ、「お金がほしい」と言えば、出してくれるのだそうな。

「りっぱな家がほしい」と言ったら、りっぱな家ができて、下男や下女も使うほど分限者になった。

どこへ行くにも、洟垂れ小僧さんがつき回っているから、うるさくなった。

あるときおばあさんが、「長者みたような家の旦那が、おまえみたいな者ぁ、いつも連れ回らほんに汚のうてこたえん。『洟ぁ取れ』言うたって取りゃあせん、どこへなと行ってしまえ」と言ったら、「どこへなと行く」と言って、その小僧さんが出たのだそうな。

そしたらずんずん暮らしが、難儀になって、その家も元の小屋になってしまったのだそうな。

そればっちり。

解説

信仰心の篤いおじいさんが、竜宮界へ花を差し上げていた心がけを愛でた乙姫さんに、竜宮に招待され、使者である娘の助言を守って呪宝の洟垂れ小僧さんを手に入れる。しかし、折角の幸運も慢心のため、洟垂れ小僧さんをないがしろに扱ったため、折角手に入れた幸運をなくしてしまう話である。背後には慢心を戒める人生訓がそれとなく配置されている。これは「竜宮童子」と呼ばれている話種に属しており、関敬吾の『日本昔話大成』によれば、本格昔話の「異郷」のところに登録されている。

29 蛙の恩返し（八頭郡智頭町宇波）

東部

語り手　寺坂ときさん（明治30年生まれ）
収録・昭和62年8月18日

娘が三人おる家があった。お父さんが、毎朝、神さんに参っていた。大きな蛇が大きな蛙を食べようとしていた。それでかわいそうでならないから「その蛙、離したら、家に娘が三人あるけん、おまえにやるから」と言った。

そうしたら、蛇は蛙を離して、蛇が逃げてしまった。蛙も共に逃げるし、お父さんが家に帰って後悔してしまって眠れないんだ。

朝。家の姉さんが起こしに行ったら「おまえが嫁になって行ってごすりゃあ、ありがたいけどどがいじゃろう」というと、姉娘は「そがいなことはようしません」と言って逃げてしまうし、次に父さんのところへ行った中の娘も同じだった。

今度は三人目の娘が行くとお父さんがまた頼んだそうな。

「すまんけど、こうこういうことがあったけえなあ、蛇のところへ行ってごせ」と言ったら、末の娘は「だったら、お父さんわしが行きますけえ、今日はなあ、針千本買うて、むすびをよけい作っちゃあさい」。

お父さんに箱にいっぱいむすびを作ってもらって、そのむすびの中に一本ずつ針を入れて、娘が大きな淵へ行ったそうな。

そうすると向こうにひゅーっと波が立ってねえ、その大きい波と一緒に蛇がこちらへ寄って来た。そこで末の娘はこっちから向こうの蛇にぷーいとそのむすびを投げてやった。そうして娘は次々次々むすびをみな投げてしまった。それを蛇はみんな食っていったそうな。そうしたら、突然蛇はひっくり返って、死んでしまった。それはそれは大きな蛇だったそうな。

ところが、その娘が「はや死んだが」と思って「やれやれ、けどまあ帰るいうても帰れんし、真っ暗いけん、どこへ行っていいか分からんし、山の奥じゃけん、もうどがぁしょう。しょうない」こう思案していたら、向こうに灯が見えたので、行ってみたら小さい家の灯だった。娘はそこへ頼って行ったそうな。

「泊めてつかあさい」「さあさあ、泊まりんさい」。家の人にそういわれたので、娘はそこへ泊めてもらって、朝、夜が明けてからねえ、起きてみたらなあ、何にもない野っ原だった。

そしたら蛙がひょっこひょっこ跳んで逃げてしまったそうな。まあ、そういう落とし話だねえ。

解説

関敬吾『日本昔話大成』では本格昔話「婚姻・異類聟」にある「蛙報恩」に該当する。終わりの部分が、末娘が明かりの見えている家を訪ねて泊めてもらったところ、目が覚めてみれば、そこは何もない野原であり、蛙がひょっこひょっこ跳んで逃げたとなっている。これは言うまでもなく娘の父親に助けてもらった蛙が、その恩返しに娘の危急を救ったという意味を隠しているのである。

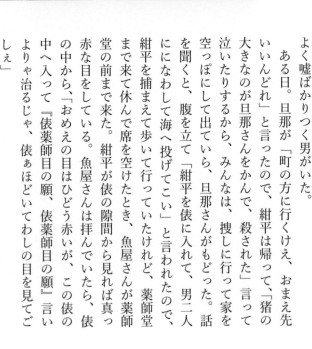

30 嘘つき紺平（八頭郡智頭町波多）

東部

語り手　大原寿美子さん（明治40年生まれ）
収録・昭和62年8月22日

昔、大きな長者があり、「嘘つき紺平」という、よく嘘ばかりつく男がいた。

ある日。旦那が「町の方に行くけぇ、おまえ先いいんどれ」と言ったので、紺平は帰って、「猪の大きなのが旦那さんをかんで、殺された」言って泣いたりするから、みんなは、捜しに行って家を空っぽにして出ていら、旦那さんがもどった。話を聞くと、腹を立て「紺平を俵に入れて、男二人にになわして海へ投げてこい」と言われたので、紺平を捕まえて歩いて行っていたけれど、薬師堂まで来て休んで席を空けたとき、魚屋さんが薬師堂の前まで来た。紺平が俵の隙間から見れば真っ赤な目をしている。魚屋さんは拝んでいたら、俵の中から、「おめえの目はひどう赤いが、この俵の中へ入って『俵薬師目の願、俵薬師目の願』言いよりゃ治るじゃ、俵ぁほどいてわしの目を見てごしぇ」

入れかわって魚屋が『俵薬師目の願、俵薬師目の願』言いよったら、になっていた二人の男がもどってきた。俵から「俵薬師目の願、俵薬師目の願」と声が聞こえてくる。「何が『俵薬師目の願』じゃ。今度は聞きゃあせん」と怒って、海の深いとこへ投げた。

何年も後、紺平が帰って来た。「竜宮に行ったところが、乙姫さんはりっぱな人じゃし、竜宮はりっぱなとこじゃ。なんと旦那さん、いっぺん、連れてってあげようか」と紺平が言う。「ふーん、そげないいとこならわしも見たいなあ」「竜宮にゃあ、何もないもなぁないけど、石臼が一番土産で、その石臼だけないじゃ。それだけお土産だ」と紺平は言って、石臼を二つ重ねてもらって身作りをした。

そして紺平が行くと、旦那さんはついて行かれる。海辺まで来たら、旦那さんに石臼を負わせ背をとーんと押したら、石臼を負ったまま旦那さんは沈んでしまった。

それから、紺平はまた帰ってきた。「竜宮は何とも言えんええとこで。旦那さんがごつい気に入られたそうな。そうして、『こんなええとこにはいつまでもおりたい。紺平、お金も財産も何にも家内も、みーんなおみゃあにやるけえ、家《うち》を上手ぅ立ってごせえ』と言われた。もう旦那さんは帰られんじゃ」と紺平が言った。そして財産も奥さんも自分がもらって暮らしたそうな。

そればっちり。

解説

これは「俵薬師」の名で知られている昔話である。関敬吾の『日本昔話大成』では、笑話の「狡猾者譚」の中にあり、さらに「狡猾者」の項目のもとにそれは存在している。

自分を雇ってくれている親方をだましたりして利益を得るというとんでもない話であるが、昔話には大きな嘘は承認されるとでもいえばよいのだろうか。普通なら考えられないような内容ながら、昔話には認められているのであろう。

31 禅問答（倉吉市湊町）

中部

語り手　名越雪野さん（明治40年生まれ）
収録・昭和55年9月17日

和田の定光寺へ和尚さんが着任すると、鳥取の天徳寺の和尚さんから問答に行くと使いが来る。

金の力で住職に収まった定光寺さんは困って、寺で饅頭を売っていたチョチ兵衛に話す。チョチ兵衛が代わりに、和尚の装束を着けて待っていると、大岳院の中宿を経由して来た天徳寺さんが、払子《ほっす》を振る。チョチ兵衛もそうする。天徳寺さんが一礼するとチョチ兵衛もする。天徳寺さんが「地球は」と手で円を作る。チョチ兵衛は「饅頭はいくらか」と尋ねたと思い、三銭のつもりで、指を三本出す。天徳寺さんは「三千世界」と解す。次に「日本は」と指二本出す。チョチ兵衛は「二銭に負けろ」と解して、いやだとアカベーをする。天徳寺さんは「眼の下にあり」と解す。続いて「五界はないか」と指を五本出す。チョチ兵衛は「五つくれ」と解しうんと頷く。天徳寺さんは納得して「けっこう、けっこう」と帰られた。

誤解の上での問答に双方共に気付かず、無事に収まったという話。

解説

お互いに自分の立場で相手の問いや答えを判断し、都合のよいように解釈して満足しているという笑い話である。一方は知識人の和尚。対するは庶民階級の饅頭屋という取り合わせの奇妙さがまた、いっそうユーモアを醸し出している。

関敬吾の『日本昔話大成』から、その戸籍を紹介しておく。これは笑話の「三　巧智譚　B　和尚と小僧」の中に「蒟蒻《こんにゃく》問答」として位置づけられている。

餅屋（豆腐屋）が和尚に代わって旅僧と問答する。1、(a)旅僧が小さな輪をつくり「太陽は」と問う。餅屋は小さいと解する。(b)餅屋は、大きい輪をつくる。僧は世界を照らすと解する。2、(a)僧、指を三本出して、三千世界はと問う。餅屋は三文で売れると解する。(b)餅屋は指を五本出して五文だという。僧は五戒で保つと解する。3、(a)僧、指を四本出して四恩はと問う。餅屋は四文にまけろと解する。(b)餅屋はいやだとあかんべする。僧は目の下にありと解する。（唖問答ともいう）。

こうして眺めると、主人公であるが、倉吉市の話では餅屋の代わりに饅頭屋、旅僧の代わりに鳥取の天徳寺の和尚となっており、後はほとんど同じである。ただ、倉吉市の方は問答のための天徳寺さんの道中の中宿に、倉吉の大岳院という寺が用意される点など、こちらの方が工夫された筋書きになっているし、さらに天徳寺さんの行列が上井から続くなどと、かなり誇張された内容で語られている。このあたりに、地方色のおもしろさが垣間見られるようである。

32 難題婿（倉吉市湊町）

語り手　名越雪野さん（明治40年生まれ）
収録・昭和54年9月17日

昔々、大きな長者があった。その長者は非常に昔話が好きだった。長者の一人娘に婿を取ることになったが、あたりには適当な婿がいないので、立て札を出して、「長者に婿がいる。昔話をたくさん語り、これでええ、もう飽いたというほど語った者を婿にする」と書いておいた。

道中の者が「あの長者の婿になれるのなら、おれも昔話なら相当知ってる」と「この立て札を見て来た者ですが」と言ったら「どうぞ、どうぞ」と奥の間に通して、長者は今日も今日もと一週間、止む間なしに昔話を聞いた。

そうしたら一週間で済んでしまったが、「もう、ええ」とは言わないので、その男はだめだった。次の人も「昔話は相当知ってる。飽きるほど言ったれ」と語り始めたが、十日で済んでしまった。三人目もうまく行かなかった。一番長いのが一ヶ月話したが、まだ「こっでええ」と言わない。

そうしていたら、何人目かに、半年も語ったが、

中部

やはり長者は「こっでいい」とは言われないので、困ってしまった。もう根負けしてしまいかけたが、一つ思い出した。それは、名和長年という者が、昔ここ御来屋《みくりや》におったが、その男の話をしたら、長者は「こっでえぇ」と言われるだろうと思って話しだした。

それは名和長年が後醍醐天皇を迎えたときに、蔵の中に米をどっさり積んだという。その米に二十日鼠がついた。二十日鼠というものは、小さなものなので、一粒くわえてチョロチョロと逃げ、また一粒くわえてチョロチョロと逃げ……と一年も同じことを言った。とうとう「まんだ済まんか」と長者が怒り出した。

「たくさん蔵に米が積んであり。十年経ったてて済みゃあせん。一つわて持って逃げる……」。男は「二十日鼠がチョーロチョロ、一粒くわえてまた逃げた。また、ごそごそ来て、チョロチョロとくわえてチョロッと逃げたって」とやっぱり何ヵ月も言った。「まんだ済まんか」「まんだまんだ、とてもとても」とうとうしまいに長者は「こっでえぇ」と言われ、その男がそこの婿になったのだって。

人はこのように知恵がないといけないということです。

解説

関敬吾『日本昔話大成』で見てみると、「婚姻・難題聟」に相当しそうだが、当てはまるものがない。笑話の「形式譚」の中にある「果てなし話・第二類」に「蟻《あり》の米運び」というのがあり、次のように紹介されている。「蟻が倉に入り、米一粒をつかんではよいしょと運ぶ。また一粒つかんでは……。」

名越さんの話は、この手法の語りであり、それと本格昔話の「難題聟」の話型がうまく複合して出来た話であるといえる。鳥取県立博物館ホームページで、快活に語られる名越さんの名調子を味わっていただきたい。

33 打吹山の天女（倉吉市越中町）

中部

語り手　矢間省三さん（大正8年生まれ）
収録・昭和63年8月20日

昔、百姓が天女の衣を見つけて隠す。天女は天へ帰れなくなり百姓と結婚し、二人の子どもをもうけた。

ある日、子どもが父親から「言うな」と言われていたのに、母親につい「お母さんの着物だ」と隠しておいた櫃《ひつ》を開けて見せた。母親は、天に昇るためその羽衣を着て、朝顔の蔓に伝わり天に上がってしまった。

子どもたち二人は、嘆き悲み、呼び返そうと、山に登って鼓《つづみ》や太鼓《たいこ》を打ったり笛を吹いたりしたので、打吹山《うつぶきやま》という名前がついた。

夕顔か朝顔かはっきりしないが、賀茂神社に井戸があり、夕顔の井戸か朝顔の井戸か名前があり、わたしたちの子どものときには木組みがしてありました。

解説

打吹山の地名由来譚でもあるこの伝説の舞台に

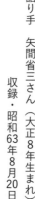

なっている打吹山は、倉吉市街の南にすり鉢を伏せたような形をして位置しており、標高は二〇四メートルある。

別な話（倉吉市関金町大鳥居・光村吉司さん・明治39年生談）で天女の産んだ子の名がお倉とお吉で、倉吉の地名になったとしている。

さて、日本三大羽衣伝説といえば、室町時代、世阿弥元清作とする謡曲の「三保の松原」で知られる静岡県の伝説をはじめ、滋賀県長浜市、京都府京丹後市の三つの天女伝説を呼称しているが、故野津龍《とおる》・鳥取大学名誉教授は、早くからこれに鳥取県伯耆地方の天女伝説を加えて、日本四大伝説とすべきだと主張していた。わたしも氏の説にまったく同感である。

さて、矢間さんのとは別の話で、舞い降りた天女が湯梨浜町の東郷池で水浴びをしている隙に、羽衣を猟師の舎人《とねり》に盗まれ、天に帰れなくなった。彼女は彼の妻となりお倉とお吉という二人の娘をもうける。成長した娘から羽衣のありかを聞き出した彼女は、羽衣を着て天に飛び去る。娘たちは母を慕って山の上まで後を追い、鼓《つづみ》を打ち、笛を吹いて母を呼び返そうとしたが無駄であった。その山が打吹山《うつぶきやま》。娘たちの住み着いたところが倉吉、という地名由来譚になっているのも存在している。

本来、地名など固有名詞を持たない昔話で、異類婚姻に分類される「天人女房」が、特定の地に根を下ろして伝説化したのがこれらの話である。

野津龍氏は先の三大伝説とこの伯耆の伝説を比較検討し、古事記神話をはじめ、竹取物語や源氏物語に見られるわが国の古い習俗との関わりを、先行研究者の説をも紹介しながら丹念に検証し、更に『陰徳太平記』『南條民談集』などの古文献類をも参照しつつ、伯耆の羽衣伝説が三大伝説に勝るとも劣らないことを見事に証明しているのである（参照・野津龍著『伯耆国羽衣天女伝説』伯耆国羽衣天女伝説発刊委員会発行）。

34 博奕《ばくち》打ちと呪宝（倉吉市湊町）

語り手　名越雪野さん（明治40年生まれ）
収録・昭和55年9月17日

中部

昔、博奕打ちが博奕に負けてしまい、一枚のウチワしかなくなった。しかたなく山に上がって、「京見たか。大阪見たか。大阪見たか、京見たか」とあっちこっち見たりしていた。

すると、天狗が、「おまえは『京見たか、大阪見たか』て言ったが、そんなこって、大阪や京が見えたかい」と木から降りてきた。

博奕打ちは、「このウチワをかざせば、あっち向きゃ京が見えるし、こっち向きゃあ大阪が見える」と言った。天狗もウチワを一枚持っていて、「こんなと替えよかい。これは千里ってってったら、千里走るし、鼻高んなれ言うと高くなり、低うなれ言うと低くなる」と言う。「なら、替えましょう」と交換した。天狗はそのウチワで、「京見たか、大阪見たか」と言ったが、さっぱり見えなかったが、博奕打ちは「千里」と言ったら、走ったので、天狗が負けてしまった。

博奕打ちは江戸まで行った。そのときに鴻池《こうのいけ》のお嬢さんの婚礼の行列が進んできて、祝言歌をうたうところに来て止まった。博奕打ちはその車の後ろについて「ウチワを使ってみたろうかい」と「鼻、高んなれ」言ったら、お嬢さんの鼻が、天狗の鼻のようになり大騒動になった。

翌日、表の通りを鼻治しになった博奕打ちが通ったら呼び止められて一週間で治し、家の人たちは、まるで神様のようにして喜んでくれた。

博奕打ちは、お金はたくさんできたし、とうとうわが家へ戻って来た。

博奕打ちは、天神川の河原に出て仰向けになって、そのウチワで「鼻、高んなれ」とやったところが、一丈にもなった。そこで博奕打ちは、どのくらい高くなるか、もっと高くしてやろうと思って、「高んなれ」とウチワをあおいでいたら、天に届いてしまった。

天では天竺から神様の子どもが遊びに来ていて、伸びてきた鼻を見つけ「ここへ何だか出てきたぞ。」と言っていると、いくらでも伸びてくる。「これはじゃまになる。隠れっこするのに引っかかってかなわん」「そんならくくっとけ」と近くへくくってしまった。

博奕打ちは、そのようなことと知らず、「このへんで低うにせにゃ」と「低んなれ」と言ったら、自分の身体がドッドドッドドッド持ち上がってしまい、くくられているからズッズズッズ一丈も上がってしまった。

「それから先は話すだか」「話しないな」「はなせば、ポテーンと落ちちゃった。そいういうことだぞ」。

解説

子どもに聞かせると喜びそうな話である。

関敬吾『日本昔話大成』では笑話の中の「誇張譚」に「鼻高扇」として分類されているのが、この話型に相当している。

35 姑を殺す薬（東伯郡三朝町木地山）

中部

語り手　小椋喜代さん（明治30年生まれ）
収録・昭和54年9月23日

ある家のおばあさんとお嫁さんと仲が悪く、お嫁さんが外から帰ると、おばあさんが出てしまうし、おばあさんが帰られたら、お嫁さんが出てしまう。少しも一緒にいないように仲が悪かったって。

お嫁さんは、「どがぁどして、おばあさんを殺さな、よう辛抱せん」と医者に相談に行ったのだそうです。

そうしたところ、医者が「そがあなばばなら、殺いてしまえ。おれが毒盛ったるけえ。その代わり早いことには死なんけえなあ。早ぁ死ぬりゃあ、おまえが毒を盛って死んだちゅうことになりゃ、罪ができるけえ、ええあんばいにして死ぬるやあにしたるけえ」と言ったそうな。そうして毒を盛った薬をくれたそうな。

「こらぁ一週間ほど飲ませる間に、おばあさんをだいじにせえ」と医者はお嫁さんに習わせた。

お嫁さんはそれから、その毒を持って戻って、

「一週間したらそのおばあさんが死ぬるだぁし、だいじにしとかなぁ、われにまた罰が当たっちゃあいけん」というところで、お嫁さんはおばあさんに魚を買ってきて食べさしたり、親切な言葉をかけたり、とてもだいじにしたそうな。

そうしていたら、おばあさんが「まあ、なしてうちの嫁はええようになっただらあか。だれが言い聞かせたもんだやら。こらまあ嫁がようにすりゃ、おれもようにせにゃいけん」と思ったそうな。


それから、おばあさんはお嫁さんによくしなさるし、お嫁さんがおばあさんをだいじにすればするほど、おばあさんもよいおばあさんになっていかれたそうな。

お嫁さんは、「こがぁにいいおばあさんなら殺されんわぁ」という気になってしまったそうな。

それからまた、お嫁さんが医者のところへ行って「おばあさんがなんとええおばあさんになりなはって、近ごろわれにようにしてごしなはるしして、愛《いと》おして殺されぬけえ、何とかして毒の消える薬をつかはんせ」と言ったそうな。

そうしたところが、医者は「ああ、そんなら、やれやれ、早ことこれ持っていんで飲ましてあげれば、元気にならはるけえ。仲良うに暮らさにゃいけんけえ」と言って、また薬をくださったそうな。

それでそのお嫁さんは、そのまま帰っておばあさんにその薬を飲ませたそうな。

本当は、初めの薬も毒ではなかったそうなければど、医者が間に入って、病気にして薬をあげていたということだそうな。

解説

どなたも以前どこかで聞いたか、本で読まれた経験がおありのことと思うけっこう知られた話である。関敬吾『日本昔話大成』の話型で笑話「愚か嫁」にある「姑の毒殺」に該当する。

中部

36 雨蛙不幸（東伯郡三朝町大谷）

語り手　山口忠光さん（明治40年生まれ）
収録・昭和63年8月19日

昔、雨蛙がおった。親が「山へ行け」と言えば川へ行くし、「川へ行け」って言うと山へ行くし、何でも反対ばっかりしていた。

そうしていたら、親が死ぬときに「おれが死んだら、川の縁《へり》へ埋《い》けてごせえよ」と言ったら、子ども蛙が「うん」て言ったけど本当に「親が死んだら、お母さんが生きとる間に、反対ばっかりしたけえ、今度は本当にお母さんの言う通りしてあげにゃあいけん」と言って、川の縁へ埋けた。

そうしたら雨が降るたんびに「お母さんが流れりゃせんか」と言ってガイガイガイガイ鳴くそうな。

それが死んでしまってからのことだから、後の祭りで何にもならなかったって。昔こっぽり。

今回は山口さんの語りほぼそのままである。話そのものが少量なので、決められたスペースを埋めるために、強い方言などを修正しただけで紹介したものであることをご了解いただきたい。

解説

蛙が雨が降ると鳴く習性を昔話にしたもので、各地で語られている。

関敬吾『日本昔話大成』の話型で見ると、動物昔話の「小鳥前生」の中にある「鳶《とび》不幸」に相当する。以下にそれを紹介しておこう。

1、鳶（山鳥・閑古鳥《かんこどり》・梟《ふくろう》・雨蛙）はいつも親の言葉に逆らう。2、親は山に葬ってもらいたいので、川辺に埋めてくれと遺言する。3、鳶は後悔して遺言どおり川辺に埋めるが、雨降り前になると墓が流れるのを恐れて鳴く。

さて、語り手の山口忠光さんのことに触れておく。

山口さんをお訪ねしたのは、昭和六十三年（一九八八）の夏のこと。ちょうどその頃、国立米子工業高等専門学校が坂田友宏教授（当時）指導の下、天神川流域の民俗を調査しており、私も調査員の一人であって、口承文芸一般を担当していた。そして語り手を捜して回ったときにお会いしたのが、この山口さんであった。

一般的に言えば、男性の語りというものは、やや荒いことが多いのが普通だが、この山口さんは違っていた。明るく豪放な話しぶりでいて、実にキメが細かいのである。この連載の中でも数話紹介するが、いずれもそのことは言える。

聞けば青年時代、積雪が多かったおり、集落内の児童のいる家庭を訪問して、昔話を語って喜ばれていたという。そのような経験が自然に山口さんをみごとな語り手に育て上げていたのであろう。うかがえばまだまだ多くの話をご存じだったはず。今ももっとうかがうべきだったと惜しい気持ちがしているのである。

中部

37　運の良いにわか武士（東伯郡三朝町大谷）

語り手　山口忠光さん（明治40年生まれ）
収録・昭和63年8月20日

昔、侍になりたい男がいた。旅に出て山の峠にさしかかると、石の上へ腰かけた侍がいる。黙って通れば無礼者と思われると思い、男が声を掛けたが返事をしない。侍は目を剥《む》いて死んでいる。侍になりたいと思っている男は、その侍の着物を着て、刀を差して行ったら殿様の行列が来たので、畑に飛び降りて隠れていた。

殿様は「だれだか聞いてこい」と言われる。家来が聞きに来た。その畑で青菜やカンピョウがあったので、男は「青菜カンピョウと申します」と答えた。「家来にならんか聞いてこい」「家来になります」ということで家来になった。

宿へついた。悪い家来もおって、「殿さんを殺いたれ」とねらっていたら、それとは知らず、青菜カンピョウが隣の部屋で見たら、弓がある。槍もある。弓を引いたら、手がはずれ、矢が殿様を殺そうとねらっていた男の目へ当たり死んでしまった。殿様が「何でこれを知った」と言われる。「わたくしは一晩のうち片っぽうずつしか寝ません。夜中まで右の目で寝たら、夜明けまで左の目で寝ます。半分の目は起きとりますので分かりました」。男は褒美をもらった。

またついて次の宿へ泊まるようになった。近くに、大きな溜め池があって、そこに蛇が出る。「殿さんに蛇を退治してもらいたい」と村の者が願い出てきたので、殿様が「退治する者はないか」。青菜カンピョウが「侍暮らしはいやになった。逃げたらないけん」と思って、「わたくしがやります」と言った。行きがけに、米の粉をなめていたから、その粉を二袋買って他の家来といっしょについて行った。

蛇の住んでいる池まで行って「家来がおらにゃ、おら逃げたるだけど」とぶつぶつ言っていたら、池の中から蛇が頭を出し、こっちへやってくる。

名案が浮かんだ。買っておいた粉を袋ごと、蛇の口めがけて投げたら、袋を蛇がくわえた。中が粉だから、蛇は喉へつまって息ができずのびてしまった。「死んだ死んだ、おまえらち、これをひっくくって持って帰ろう」と持って帰った。青菜カンピョウはまたご褒美をいただいた。しかし、「いつまでもこんないい話ばっかりはないから逃げにゃあいけん」と夜の間に、宿を抜けて逃げてしまったって。

解説

語り手の山口さんは、コクのある男性には珍しいみごとな語り手だった。それというのも二十歳代のころ、積雪が深いおり、地区内の児童のいる家を訪ねて昔話を語って喜ばれていた経験をお持ちだったからである。鳥取県立博物館のホームページで、山口さんの素晴らしい語り口を是非お聴きいただきたい。

関敬吾の『日本昔話大成』によると、笑話の「誇張譚」の中に「炮烙売《ほうろくうり》の出世」として登録されている話がこれの戸籍である。

38 和尚を戒《いさ》める（東伯郡三朝町大谷）

中部

語り手　山口忠光さん（明治40年生まれ）
収録・昭和63年8月23日

昔、寺に和尚と小僧がいた。

門前のおばさんが洗濯した中に和尚さんのものが入っていた。

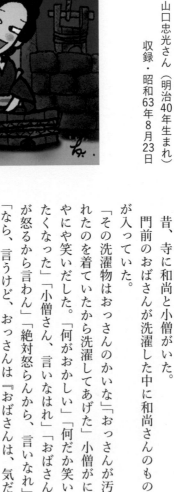

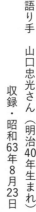

「その洗濯物はおっさんのかいな」「おっさんが汚れたのを着ていたから洗濯してあげた」小僧がにやにや笑いだした。「何がおかしい」「何だか笑いたくなった」「小僧さん、言いなはれ」「おばさんが怒るから言わん」「絶対怒らんから、言いなれ」「なら、言うけど、おっさんは『おばさんは、気だてもええし、文句のない人だけど、ただちょっと臭い』って言いなった」「ふーん」「言いなはんなよ、おばさん」「言やあしぇんって」。

小僧は寺にもどって和尚の前に出て、またにやにや笑いだいた。「何がおかしい」。それでもにこにこ笑っている。「話せや」と和尚が言った。小僧は「話したら和尚さんが怒りなさるから、話さん」「いや、怒らん」「なら、話すけど、門前のおばさんは、『おっさんはええ人だけど、鼻の頭が真っ赤なのがきずだ』って言いなはった。「ああ、そうか」。

「そいから、和尚さんにも名前があるやに、おれも名前をつけてもらいたいが」「どんな名前にしようか」小僧は「『くさい』という名にしてほしい」と言う。「『くさい』、本人がええちゅうならつけたるわい」。

何日かしたら門前のおばさんが、和尚の洗濯物を持って通ってきた。

小僧の差し金でおばさんが「おっさんはええ男だけど鼻の頭が赤いのが難だ」と言ったことを聞いていたから、和尚は衣の袖で鼻の元を隠しながら、「おばさんが来たけえ、くさい、お茶ぁ出せ」と小僧を呼んだ。

おばさんが和尚を見ると、鼻の頭を衣で押えているし、「くさい」て言うから、どれだけ自分が臭いのやらと思った。

それで「おっさん、長い間、かわいがってもらったけど、衣を当てがわにゃあならんほど臭けりゃ、もう来りゃせん。洗濯もんはここへ置いたけえ」と怒って帰ってしまった。

小僧はしばらくして、「おっさん、どげなことだい」「門前のおばさんが『くさいって言った』と腹をたてていんでしまった。」

小僧が門前のおばさんと和尚さんの仲を割いてしまったという話。昔こっぽり。

解説

この「小僧の作戦」の話は笑話に分類されるもので、関敬吾の『日本昔話大成』の「巧智譚」、「和尚と小僧」の「鼻が大きい」の中に、次のようにきちんと登録されている。

「小僧が女には和尚は口が大きいと、和尚には女が鼻が大きいといったと告げる。二人があったときには女は口を和尚は鼻をおさえる」。

山口さんの話も、内容に多少の違いはあるものの、この仲間に入るのである。

39 鴨《かも》撃ちの猟師（東伯郡三朝町大谷）

語り手　山口忠光さん（明治40年生まれ）
収録・昭和63年8月23日

中部

昔、近江の琵琶湖横の猟師が、毎日琵琶湖に鴨撃ちに行っていた。

ある日。鴨を撃って、腰に縄をつけて鴨の首を挟んで先へ行き、また鴨を撃ったら、鉄砲の弾がそれ、山を歩きよった猪に当たり手負いになって暴れまわったところ、その山から山芋が五六貫目ほど掘れた。猪は捕った、山芋は掘った、鴨は取った。持って帰るのにどうしようと思って、途中に預け、「日も早いことだから」とまたうろうろしよったら、全部弾が当たっとらなんだか、鴨が生きもどって、パタパタ羽を羽ばたきしだいたら、たくさんの鴨を捕っとるわけだから、鴨の何十羽の勢いで猟師は空中に舞い上げられて行きよったところが、とうとう大阪の天王寺の屋根の上まで来た。すると鴨が弱ってしまって、猟師は天王寺の屋根へ落とされてしまった。

そこで猟師はびっくりして屋根から降りるには寺の屋根で高いし、「さて困ったもんだ」と思って、とにかく屋根のはなの方まで出て、大きな声をしたところが、下の方から何事かと思って、天王寺の小僧が、おおぜい出てきて空ぁ見上げると、鉄砲撃ちがおるものだから「和尚さん、和尚さん、たいへんなことです。寺の屋根の上に何だか猟師のようなもんがおって、『助けてごしぇ』と言っていますが、どうしましょうか」と言った。「そりゃ助けてくれって言やあ助けてやらにゃあいけんが、困ったもんだ。どうしようかな」て。すると和尚さんが、

「小僧ええことがある。布団を持ってこい」。

それから、布団を持って出さして小僧に布団の四隅を持たして、「ここへ降りてこい」って合図したところが、その鉄砲撃ちが、その布団のまん中めがけてぴょーんと降りた。

そうしたら、その鉄砲撃ちの重みで布団の四隅がカチーンとかちあって、昔から言うように「目から火が出る」ちゅうことがある。ちょうどその手で、目から火が出て、天王寺が火事になって焼けてしまった。

その後に何だか生えとるがと思って、見たら、その菜っぱで、それで大きんなってから見たら、その大きな蕪《かぶら》だったと、それでそのときに天王寺蕪《かぶ》という名がついた。

それから以後、天王寺蕪ができたと。

そういう話で、天王寺蕪ができた由来だっていうこと。昔こっぽり。

解説

関敬吾『日本昔話大成』でこの話の分類を見れば、笑話の「誇張譚」の中にあり、「鴨取権兵衛」の名前で登録されている。まったく荒唐無稽な笑い話であり、山口さんの話も大筋では同じである。

読者のみなさまも、以前どこかでお読みになった懐かしい話ではないかと思う。鳥取県立博物館のホームページで味わっていただきたい。

40 喜助とおさん狐（東伯郡三朝町大谷）

語り手　山口忠光さん（明治40年生まれ）
収録・昭和62年8月20日

中部

昔、喜助という貧乏な人がおった。「じき正月だが、餅米を買う銭もない」と嫁さんが言う。喜助は「思案がある。おさん狐をだまいて、銭もうけをしたらぁ」と言った。

それから、奥の山へ入って「おさん、出てこーい」と言っていると、狐が女に化けて出てきた。「嫁を頼まれとるけえ、世話せんならん。嫁になってごせ」「おれが家へもどって、朝になったらその家から帰ってええ、嫁になってごしぇ」「そのぐれえならなってあげる」「頼んぞ。時間におれが迎えに来る」

喜助は、嫁を頼まれていた家へ行って「嫁ができた。ちいと銭がいる。五円もらわにゃいけん。銭さえできりゃあ、あさってでも連れて来る」。

その家では銭を持って来た。喜助は銭はわが懐へ入れ「かかあ、山ゴンボの根と蕗の根をちいと取ってこい」。嫁さんに言いつけて、おさん狐に「あさって、嫁に行ってくれ」と頼んだ。

嫁さんに準備させておいて、喜助はおさん狐をそこへ連れて行った。家の人は「いい嫁さんを世話してごしなった。うれしいこっだ」と酒や肴でもてなした。しかし、肝心の狐は、おいしそうなものが並んでいるけれど、食べるわけにはいかない。いい加減なところで喜助が「いぬるから嫁さんを頼む」と自宅へどってしまった。

喜助は嫁さんに「寝るけえ。嫁の家から、おれがだまいて狐を連れて行っただとぐずって来るかも知らんけえ、そこらをうまいこと話さにゃいけんど」と寝た。

明くる日、その家から「喜助さんはおんなるかや」と言ってやって来た。

「喜助さんは、ひどい人だ。ようもだまいて。銭の五円も取って狐を嫁に世話してからに。銭もどいてもらわにゃいけんし、謝ってもらわんにゃいけんが」言う。

「おとっつぁんは、こないだごろから、『熱があるようでショウカンになっただも知らん』ちって、あれが効くこれが効くって言いなはるだけえ、草の根を掘ってきてせんじて飲ませまして、枕元へこのごとくにせんじたかすがあるだが。いま、熱を冷やいてあげよるところだ」と言ったそうな。

「そがにも言いなはら、そがなだわ。うちのもんが狐にだまされたんか、残念なけどしかたがない。すまなんだなあ」と行ってしまった。

そいから喜助さんが「かかあ、うまくいっただらが。餅げでも何でも五円ありゃあ、だいぶん買えるけえ」と言って、よい正月を迎えたという話だ。昔こっぽり。

解説

これは珍しい話である。関敬吾『日本昔話大成』で調べても、この話の戸籍はない。三朝町で見つかった単独伝承の話というべきものである。伝承を訪ねているとこんな出逢いがありありがたい。

41 北の吸物と大名の吸物（東伯郡三朝町大谷）

中部

語り手　山口忠光さん（明治40年生まれ）
収録・昭和62年8月21日

昔、物好きな人がおって、どこにゃあどんなうまいもんがあるということを聞くと、すぐそれを探いて回らにゃならん性分で、ある日「どこそこの町にええ吸物があるそうな」と聞くと「ちょっと出てみてやれ」と町へ行ったところが『北の吸物』と看板が出とる。

「こら何だらぁか」と思って「ごめんなさい」と入って「この看板にある吸物、作ってもらえるかな」「はい、できます」。

それから、作って持ってきた。食べようと思って、その吸物の椀を蓋ぁ取ってみると、汁だけはあるけど何にも入っとらん。

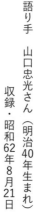

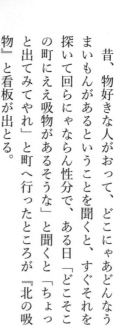

「こりゃあ、おかしいもんだなあ」。

亭主を呼んで「この吸物にゃあ何にも入っとらんが、いったいこりゃどういうわけだ。」「お客さま、まことに申しわけありませんが、うちは看板に偽りはありません」「どういうわけだ」「外にある看板の通り、北の吸物と書いてあります。ですから、皆実（＝南）がないです。それで申しわけありませんが、中は空っぺです。北で南（皆実）がないっちゅうわけだ。こらえてください」って。

「そうか、それなら仕方がない」。それで汁だけ吸って逃げて「ああ、阿呆にあったなあ、何とか次のええもんないか」と思って回りよったら『大名の吸物』ちゅうものがあった。

「大名の吸物なら、そう粗末なものはなかろう」と思って、またその店に入って「看板にある大名の吸物できるか」って言ったら「できます」って言う。

それから作ってもらって、持ってきたので、やりかけて蓋ぁ取ってみたら、親指の頭ぐらいな餅が二つ入っとった。

「亭主、何だ、おまえ、大名の吸物ともあるもんが、たったこれ、団子ぐらいなもんが二つとはあんまりじゃないか」って言ったら。

「へい、お客さん、恐れ入りますけどそれでも看板に偽りはありません。大名の吸物ちゅうものは、大名は大きな大名もありゃぁ小さい大名もある。いろいろありますけど、このうちの店の「大名の吸物」というのは、細くても白餅ちゅうことで、細うても白（＝城）を持った大名さん、『城持ち』だ、ちゅうことで、これでこらえてください。」「そうか、そりゃあしかたがない」。

そういうことで歩いて回ったけど「今度ぁもうどっこも行かん、バカな目にあったけえ」ってて、それでもどってきたって。

昔こっぽり。

解説

関敬吾『日本昔話大成』の中には見つからない話型であるが、どこかとぼけた面白みが感じられる。一種の「言葉遊び」を楽しんでいる話といえる。

内容から考えて、この話は笑話に分類出来る単独伝承の話といえるのだろう。

中部

42 鴻池《こうのいけ》の嫁になった娘（東伯郡三朝町大谷）

語り手　山口忠光さん（明治40年生まれ）
収録・昭和63年8月19日

昔、物持の家に女の子が三人あって、みな器量よしだった。

奥の池から蛇が化けて出て「娘さんをもらえんでしょうか」って。

一番姉さんも次のお姉さんも「行かん」て言う。一番下の娘さんが「わしが行くので、お父さん、町に行って法華経の本を買ってきてください」「よしよし」とお父さんは町で法華経の一番難しいのを買ってきた。娘は、奥の池に行って、ほとりでお経の本を一生懸命読んどった。池の水が泡になって上がって、蛇が角を生やして娘のとこへ寄ってきたので、読んでおった法華経の本を投げたら、蛇の頭へ当たり角が落ちて、湖の中へ沈んでしまった。

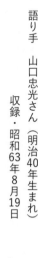

娘さんは帰るわけにはいかんし、普段着のまま出たら、とうとう大阪まで来た。

あちこち歩きよったら、大阪の鴻池まで行って、女中に使ってもらうよう頼んだら、よろしいちゅうことになった。昼はぼろを着て、髪もよう格好ようしられんし、夜になるとみんなが風呂に入ってしまって、最後に風呂に入って、それから十二《じゅうに》単《ひとえ》に着替えて、それから一生懸命法華経のお経の本を読んどった。

鴻池の若旦那が夜遊びして帰ってきて、灯がともっておるので、その部屋をのぞいてみたら、きれいな娘さんがおった。

それを見たら一目惚れをして、明くる日になっても起きてこん。

「若旦那、起きなさい」言っても起きん。

「食事もほしくない」そいからお医者さんに診せたら「これは薬を飲んでも治りゃあせん。この家に好いた女がおるじゃろう」。

こんどは家内のうちであれこれと聞き合わせてみるけど、全然話にならない。それで女中を次から次へと呼んで、若旦那のところにお見舞いに行かせるけど、うんともすんとも言わん。

とうとう最後、その娘になって、「若旦那に会っとくれ」言った。「だめです」言ったけど「おまえが一人になっとるんだから、残すわけにはいかん」。そいから連れて行って、会わしたら、若旦那が起き上がりご機嫌が直って、それを嫁さんに迎えて、末永く幸せに暮らしたって。

それで昔こっぷり。

解説

山口さんによると、ご本人がまだ10歳余りの頃、祖父からよく聞いた話だったとのことである。

関敬吾『日本昔話大成』本格昔話の「婚姻・異類聟」の「蛇聟入」と「蛙報恩」の二つの合体した話が原型だろう。

この話では、男親が蛇に田の水を入れてもらうとか、蛙を飲まないよう懇願し、娘を嫁に約束するなどの蛇婿入りの理由が省略されていて、しかも鴻池という財閥の名前が出てくるなど、微妙な変化が見られるところが興味深い。

43 米出し地蔵（東伯郡三朝町大谷）

中部

語り手　山口忠光さん（明治40年生まれ）
収録・昭和63年8月21日

昔、おじいさんとおばあさんと暮らしとった。

正月前になって、おばあさんが機を織って木綿を作り「木綿を持って、町で餅米やいろいろ買ぁてきなへ」と渡したのだって。

だけど正月前で木綿を買ってくれない。しかたなくもどっていたら道端のお地蔵さんが寒そうだった。木綿をお地蔵さんの首へ巻きつけ、自分の笠をお地蔵さんにかぶらしてあげてわが家へもどってきた。

「町ぃ出たけど、木綿はみなは買ぁてごしぇんし、見様にならんと持ってもどったら、お地蔵さんがあんまり寒げにしとんなはったけえ、木綿一反、首に巻いてあげ、笠もおれのをかぶせてあげてもどったわい」「餅米もないし何にもよう買わなんだけど、お粥でも飲んで辛抱しようよ」「ええことをしなはった。お地蔵さんが喜びなはるわい」

そのまま寝ていたら、お地蔵さんが夢を見せられた。「ええもんを巻いてごした。まんだいいようなこと言うけど、この家へ来させてごさんか」と言われる。

明くる日。おじいさんはお地蔵さんを負って家に連れてもどった。屏風の縁《へり》にお地蔵さんを置き、火を焚いてあたらしてあげたら、お地蔵さんの鼻の穴からポロリポロリ米が出だした。

入れ物を持ってきて受けていたら、隣のおばあさんがやって来た。「うちもその地蔵さんを貸してごしなはれえな」と言う。

「おれの地蔵さんでないけえ貸せまいちゅうことは言えんけど」言ったら、隣のおばあさんは「借りていなにゃいけん」と、そのお地蔵さんを借りて帰って、囲炉裏の縁からあたりあたりしていたら、やはりお地蔵さんの鼻から米がポロリポロリ出だしたそうな。

そのおばあさんは欲ばりだったから「これだけじゃあ少ない。もっとよけい出さにゃいけん」というので、火箸を焼いてそれを地蔵さんの鼻の穴につっこんだそうな。

そうしたら出ていた米がポロッと止まってしまって、もうどうしても出ないようになった。

だから、欲ばってもいけないし、人の真似をして人よりようなろうと思ったっていけないから、自分相応の暮らしをするということを考えなければいけないからな。

昔こっぽり。

解説

関敬吾の『日本昔話大成』から、この昔話の戸籍を紹介すると、本格昔話の「大歳の客」の項目の中に「笠地蔵」として登録されている。鳥取県内で類話を探してみると、岩美町田後と鳥取市河原町山手の二カ所で収集されていることが分かる。この話は隣人型の話とも言えるようで、欲ばりの隣人が欲ばったため、失敗するのである。

ここでは山口さんのみごとな語りを味わっていただきたい。

44 太閤さんの歌比べ（東伯郡三朝町大谷）

中部

語り手　山口忠光さん（明治40年生まれ）
収録・昭和63年8月23日

昔、太閤さんが日本国中の殿さんを集め、どの大名にも「歌を詠め。おまえたち、歌というものはどういうわけでできるのか」って聞かれたそうな。

一人が「それは山と言わんでも山と思わせ、川と言わいでも川と思わせるように作るのが歌でございます」と答えたそうな。

「おう、そうか。そいじゃあ土から出瘤《でこぶ》て言ったら山になるか」と言われる。

家来は「それは考え方でなりましょう」と言った。

「よし、それはいいがここに集まっとる大名一人ずつ、大きな歌を詠め」。

それから次から次に大名が詠んだ。一番しまいに細川幽斎が詠んだそうな。

天と地を　団子に丸め手に乗せて

ぐっと飲めども　喉にさわらず

と詠んだそうな。

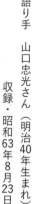

「おう、りっぱなこりゃ大きな歌だ。褒美を取らせる」太閤さんが感心して言われたところ、それまで黙っていた曽呂利新左衛門が「ちょっと待ってください。わたくしもやりましょう」

天と地を　団子に丸め飲む人を　鼻毛の先で吹き飛ばしけり

と詠んだのだそうな。

「はあ、はあ、こりゃりっぱなもんだ」て、太閤さんが言われ、曽呂利新左衛門が褒美をもらったそうな。

そしたら、今度は太閤さんは「日本一、ちさい歌を詠め」と言われたそうな。

そこでおのおの大名が詠んでいったが、それから、ある大名が、

髪の毛を　千筋に割いて

城を建て　百万えきの篭城をする

って。「うーん、これもいい歌だ。褒美を取らそうか」。また、「待った、待った」て言うので、また一人が、

蚊のこぼす　涙の海の浮き島の

真砂拾いて　千々に砕かん

「うーん、これもりっぱな歌である。これは甲乙言わずに双方に褒美を取らせる」っていうところで、それぞれが褒美をもらったという話。

解説

この話は笑話に属するが、関敬吾『日本昔話大成』では、直接関連のありそうな話型は見つからないようだ。ただ、ある程度関わりのありそうなものとしては、笑話の中の「巧智譚」に属し、さらに「業較べ」に分類されている。「小さい較べ」と「法螺較べ」に当てはまるようだ。後者を紹介する。

1、四人の法螺吹き。(a)天に達する大木。(b)富士をまたぐ大牛。(c)天にとどく大男。(d)胴辺り三百里の太鼓。2、太鼓はその大木でつくり、その牛の皮を用い、その大男にたたかせるといって、最後の男が勝つ。

45 日本一の嘘つきと中国一の嘘つき（東伯郡三朝町大谷）

中部

語り手　山口忠光さん（明治40年生まれ）
収録・昭和63年8月22日

昔、日本一の大嘘つきが、日本国中どこへ行って嘘をつくにもつくとこがない。「支那の国へ行って支那の嘘つきと競争して、どっちが強いかやってみたる」。

嘘つきが支那を端から歩いて行って「おれは日本一の大嘘つきだが、支那の大嘘つきはおるだろうか。会いたいもんだ」って、聞いて行きよったら、支那の大嘘つきの家へ聞き当てて、行ったら娘が一人おった。

「おまえの方は支那一番の大嘘つきだそうだが、お父つぁんどがあした」「お父つぁんは日本の国の富士山が倒れかけとるっていうので、線香一本持ってつっぱりしに行った」「お母さんは」「日本の琵琶湖が破れてかなわんで、木綿針持って縫いに行った」って。

「こりゃあ、おれより上手だ。負けちゃあいけん」と「しかたがない会わずに行くだが、去年の大風吹きでうちの裏の千貫の石臼が飛ばされて来てしまったが、どこへ行ったか分からん。ここらへんに来とらんか」言ったら「それなら裏の蜘蛛の巣に掛かってぷらんぷらんしとります」てった。

「それじゃあそれを捜しに行こう」って。「やれやれ、きょうとや（恐ろしや）きょうとや、支那は広いわい。おれより上手がある」と、もどりよったら、支那のお父さんがもどってきて「だれか来なんだか」と娘に聞いたので、娘は経緯を答えた。

「よし、おれがぼっかけて行って、頭が禿になるほど嘘ついて恐らかいたる」とお父さんは飛んで出た。その後へお母さんがもどってきた。

「お父さんはどがした」「日本一の大嘘つきの後を追うて行った。お母さんはお父さんが負けたらいけんけえ、髪剃ってあげるけえ、一生懸命仏さんを拝みなさい」とお母さんの髪をつるつる坊主に剃ってしまった。そこへお父さんがもどってきて「とうとう見失った。残念だ。だれだぁ、神さん拝みよるのは」と言う。

「ありゃお母さんだ」「何であがんことになったか」「お父さんが髪の毛の一本でも抜けるような嘘をついてみい」って言いなはったけえ、髪の毛の抜けるようなやつぁなかなか抜くことは抜かなんだけど、まあ、剃ることは剃ったけえ、これでお父さん、こらえなぁれ」って。

「こんなばかたれっ。日本の嘘つきにやつぅ剃ったろうと思うに、とにもかくにもお母さんの髪剃って何するだぁ」てって怒ったけど、どがぁもならなんだ。

昔こっぽりです。

解説

各地で類話はよく語られているようだ。読者のみなさまも、以前お聴きになった話ではないかと思われる。

関敬吾『日本昔話大成』では、笑話の「巧智譚」「業較べ」の中の「仁王と賀王」とか、「法螺吹き童児」というのがそれに相当するようであるが、内容的には後者の方が近いと考えられる。

46 猫檀家（東伯郡三朝町大谷）

中部

語り手　山口忠光さん（明治40年生まれ）
収録・昭和63年8月19日

昔あるお寺で猫を飼っていた。和尚さんが寝るときには足拭きを枕元に置いて寝ても、明くる朝間、起きてみると、足拭きがびしょぬれになっている。毎日続くので、「不思議だ」と思って、ある晩、寝ずにいたら、猫が来て、足拭きをくわえて出てしまった。

「どこへ行くかなあ」と和尚さんが猫をつけたら、村はずれのお堂まで行った。化け猫たちが集まってみんな踊っている。お寺で飼っている猫も混じっており、汗が出ると、猫は足拭きで拭いていた。

「そういうことかな」和尚さんはそれを見届けてもどって、明くる朝、

「猫やおまえは長い間、飼ぁてやったけど、今日限り暇をやるから出て行きなさい。夕べ仲間と踊りよったのを見たから、その代わりおまえがどこへ行っても、猫の仲間でバカにしられんように、ありがたぁいケチミャク（血脈＝師から弟子に渡

す教義）ぅやるから、持って行け」。

猫はケチミャクを持って出て行った。

どれくらいか経ったとき、若い男がお寺へやって来た。「和尚さんはおられますかな」「はい」と小僧さん。「お客さんがありますが」「ここに通せ」。

お客さんが「わたしはこのお寺に置いてもらっていた猫です。ケチミャクをもらったので、どこでも頭《かしら》で通りおります。お礼に和尚さんに大出世をしてもらいたい。何日ぐらい先に葬式があります。亡者《もうじゃ》はカシャの餌食になっとるけえ、大騒ぎになります。どの和尚が来てもかないません。『あんたのとこの和尚でなけにゃいけんぞ』ってなります。そのときにゃ来てごしない。『あの和尚はえらい』ちゅうことになって、出世してもらいます。本当のことです。待っとってください」と帰って行った。

何日か経って使いが本当にやって来て、「実は新《しん》亡《もう》があったけど、始末がつかん。それであんたに来てもらわにゃいけんだ」と言う。

そして、和尚さんが座敷に上がってお経を読んで、棺を出しかけたら、一天かき曇り、大雨風になって囲炉裏にいた者が、

「そりゃ鍋下ろせ。カシャという化けが下りたぞ」と言った。下りた化物が棺桶へ寄って「どこそこの和尚さえおらにゃええに、その和尚が来た」と言った。和尚さんは棺桶の上にあぐらをかいて、「取れるもんなら取ってみい」とホッス（払子）で払ったら、化物は、「逃げろ、逃げろ」と逃げてしまった。

それでその和尚さんは評判になって、大出世をしたという話だ。昔こっぽり。

解説

関敬吾の『日本昔話大成』によれば、本格昔話の「動物報恩」の中にある「猫檀家」として登録されている話である。

読者のみなさまもどこかで語りを聞かれるか、本でお読みになった経験がおありだと思われる話である。

47 ヒガンとヒイガン（東伯郡三朝町大谷）

中部

語り手　山口忠光さん（明治40年生まれ）
収録・昭和63年8月24日

昔あるところに姑さんと嫁さんと仲が悪うて、こりゃ日本どこへ行ってもあることだけど、いろいろ話が衝突しよったら、そのうちになあ、春先の彼岸が来るようになって「はあ、もうすぐヒガンだ」って姑さんが言いなったら「ありゃあ、お母さん、ヒガンではない、ヒイガンだ」言うて「ヒガンだ」「ヒイガンだ」って「そがなことなら、お母さん、お寺へ行って和尚さんに聞いてみようだないかいな」って「おう、それ、それ、それに頼まにゃいけん、和尚さんはよう知っとりなはるだけえ、和尚さんに聞いて、そっで和尚さんは、こがあにって言いなはったらなあ、どっちの分も文句を言わんぶんにしよう」って。

で、そういう話につけといて、そいからまあ、嫁さんは野良仕事に出んならんけえ、出とる。

その後へ母さんの方がお寺へ行った。

木綿を一反と米を一升持って、お寺へ参って「じつは和尚さん、こういうわけですが」「うーん。ようあることだけえなあ、うん、よしよし、分かった、分かった。ええ仲裁したるわいや」てって、姑さんはもどるし、そいから何日かおいて、嫁さんが行って、そいから「和尚さん、こういうわけだ」「うーん、こないだお母さんが来て言うとったわい。よしよし、分かった、分かった、ええあんばいに仲裁するわいや」ちって、そいから「まあ、おまえらちなあ、姑さんといっしょに話ぅ決めて、いっしょに来にゃあ一人ずつじゃあいけんけえなあ、いっしょに来いよ」それで嫁さん、帰って。

それから、今度、もう日にちを決めてお寺へ参って「じつは和尚さん、こういうわけですじゃが」「うんうん、分かった、分かった。このものはなあ、所ぃよっていろいろあるけど、まあお寺の方から言うとなあ、これはお寺の仕事だけえ、これはお寺の方から言うとなあ、このことは七日間あって、前の三日が『ヒガン』、後の三日が『ヒイガン』、その間に一日『中日』いうもんがある。その中日にゃ、木綿が二反と米が二升持って参るやになっとるだけえなあ、みんなその都合に考えとれよ」って和尚さんが仲裁したって。昔こっぽり。

解説

関敬吾『日本昔話大成』の話型では笑話の「愚か嫁」の「姑の毒殺」に該当し、次のように出ている。

嫁が姑を憎んで、姑を殺すために毒薬をもらいに行く。死ぬまで大切にのませよといって医者は薬を与える。姑が親切にするので嫁は死なない薬をもらってくる。

よくある嫁と姑の確執を扱った昔話であり、ある意味では古くて新しい問題と言えるのかも知れない。しかし今の時代はあまり見られなくなっているようだ。

48 馬子《まご》と山姥（東伯郡三朝町大谷）

語り手　山口忠光さん（明治40年生まれ）
収録・昭和63年8月19日

中部

昔、馬子が正月の鰤《ぶり》を買って馬に負わしてもどりよったら山姥が出て「馬子、鰤を一本ごせにゃあ、われを取ってかんだる」てって。

一匹やったら、ぼりぼりかんで「まあ一本ごせにゃあ、かんだるぞ」。みな鰤をやってしまって、「馬の足を一本ごせえ」「馬ほだぁこらえてごせ」ったら「こらえたるわい。腹が太い」で、いんでしまったって。

馬子は腹が立ってかなわん。どこへ逃げるか見たると思って、それから後をつけて行ったら山姥の家へもどってきて「鰤を食ったらうまかったけど腹が太い。口直しをせにゃいけん。餅を焼いて食ったろうかい」。

餅を囲炉裏へ焼いて、こてこてしよった。その間に馬子はアマダ（草葺き屋の二階にした物置部屋）へ上がって、長い棒をとぎらかいて、山姥が逃げた留守へ餅を穴から棒を突き刺いて取ってしまう。「神さんが取りなはったかも知らん。もういっぺん焼かかい」って今度ぁ半分ほど取っとったら、もどってきて、や、その半分の餅を食って、「腹が太い、どこへ寝ようかなあ」って。「釜へ寝」って馬子が言うと「神さんが釜へ寝って言いなはるけえ、釜へ寝よかい」言って、そいから釜へ行ってぐーぐー寝だいたげな。

「ああ、しめた」と思って、それから馬子がアマダから下りて、釜に蓋ぁして、そいから周りにある石をみんな乗して、そいからその方に行って枝ぁ求めてきて、そいから枝をぺちんぺちん折って、その火を焚くやあにぺちんぺちんいいよった。

「ああ、ペチペチ鳥がうーたうけえ、やんがて夜が明けよぞ」言いて。ぐーぐーしよったら火が燃え出いて、どうどうどうどういい出いた。「ドウドウ鳥がうたうけえ、やんがて夜が明きょうぞ」言いよったら熱うなってきて、「熱い、熱い、熱い、熱い。こらどういうこった。まあ、熱いわ、熱いわ」言って。「熱いは当り前だ、おどれが。鰤をくらったり何だいするけえ、おれは馬子だ。かたき討ちだ、覚えとれ」ちって。

「こらえてごしぇ、鰤はもどすけえ」「どがしてもどすだい。もどいてもらわいでもええけえ、おのれ焼き殺いたる」「こな馬子、こらえてごしぇや、こらえてごしぇ」言ったけど、とうとう山姥は焼き殺された。それで悪いことはしられんだあぞ。分かったのう。

昔こっぽり。

解説

関敬吾『日本昔話大成』では本格昔話の「逃竄譚」の中に「牛方山姥」として分類されている話がこれである。山陰各地でも多く語られている話である。ただ地方によって荷物を運ぶ動物が牛ではなく馬である場合も多いようだ。山陰地方でも、牛ではなく馬になっていることが多いので「馬方山姥」とした方が適しているように思えるほど、荷物を運ぶ動物はたいてい馬なのである。

49 猟師の隠し弾（東伯郡三朝町大谷）

語り手　山口忠光さん（明治40年生まれ）
収録・昭和63年8月20日

昔あるところに猟師がおって、毎晩毎晩鉄砲撃ちに出ていた。ある晩もいつもの通り鉄砲の弾を込めていたら、いつともなしに囲炉裏《いろり》の隅から自分の飼い猫が、それをじっと見て、猟師が弾をいくつ込めるのか数えていたのだって。

　それでも鉄砲撃ちは何にも知らずに鉄砲に弾を込めた後、出る支度をし、それから、ご飯を食べようとふいっと見たら、いつもあるはずの茶釜の蓋がない。

「あれっ、いつも蓋があるのに何で今日はないだらあか」と思って見たけれど、見つからない。しかたがないので猟師は茶釜（湯を沸かす釜）の蓋はなくても、それで茶をわかして、飯を食って出た。

　実は鉄砲撃ちが鉄砲に弾を込めるのを見ていた猫が、その茶釜の蓋を持って逃げていたのだった。それとは知らずに鉄砲撃ちは飯を食ってから出かけて行った。山の尾根を越えてずっと山奥まで行くと、そこで光りもん（鬼火）が出たのだって。「ああ、こいつ、何者だ」と思ってねらいを定めて鉄砲で撃ったら、カーンと音がして弾ははじき返された。また撃ってもカーンとはじかれる。

猟師はありったけの弾を撃ったけれど、みんなカーンとはじかれてしまった。

「はて、不思議なもんだて」猟師はそう思いながら、とうとう最後に別に持っていた隠し弾を取り出して、その光りものに撃ったところ「ギャーア」という声を出して何者かが倒れたのだって。

猟師が急いで行ってみると、そこには自分の飼い猫が死んでおり、そばには「ない、ない」といって捜していたはずの、あの茶釜の蓋が転がっていた。

それは猫が茶釜の蓋を持って、鉄砲撃ちが弾を撃つと、その蓋を前へ出してカーンと当てて弾を防いでいたけれど、いよいよ弾の数が尽きたと思ったので、猟師が隠し弾を持っていることまでは知らずに、その蓋を離したため、今度は弾をはじくことが出来なくて、身体を撃ち抜かれて死んだのだって。

それで、鉄砲撃ちという者は、弾を数えてはいけないし、また、女房や子どもにもだれにも知られないように、隠し弾の一つや二つは持っていないといけないそうな。分かったかね。

こっぽり。

解説

猟師の心得として、人里離れた山などへ狩猟に行くときは隠し弾を持っていくものという。また、古い飼い猫も妖怪化するという俗信もこの話の背景にあるようだ。

各地に似た話が伝えられており、特定の地名のついた伝説になっている場合もある。山は聖地であると同時に異界であり、妖怪の跳梁するところでもあるという観念が生み出した話と思われる。

50　不思議な扇（東伯郡三朝町大谷）

中部

語り手　山口忠光さん（明治40年生まれ）
収録・昭和63年8月19日

昔。たいへん信心をする人がおった。その人が六十日に一ぺんずつ来る庚申《こうしん》さんを本気で祀っていた。

ある庚申さんのときに、ふっと夢を見た。

「いいもんやるから目を覚ませ」と庚申さんが言われたので、目を覚ますと目の前に扇が一つ落ちていた。

「右であおげば長くなる。左であおげば短くなる」とどこからか声がする。それを聞いて、その人は、

「いいものもらったから、どこぞへ、遊びに出てやらい」と、大阪まで出たら、鴻池《こうのいけ》の娘さんが、格《こう》子《し》から外をのぞいていた。

「一つ試いてみたれ」と右であおいだら、娘さんの鼻が、三尺まで伸びた。

「えらいことになった」とその家では大騒ぎ。医者だ、何だで騒いでもひっこまない。

「困ったもんだなあ」と言っていたら、その人は

「治るもんか、治らんもんか、治いてみにゃあいけ

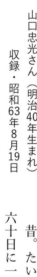

ん」という気になって、後に帰ってきて、

「この家はそわそわしとられるが、どがなことですかな」

「いや、おまえに言ったたって分からんけど、娘さんがのぞいとったら、鼻がいっぺんに高んなって、大騒ぎだ」

「気の毒なことです。わたしでよけりゃあ、ちょっと拝がましてもらいたいですけど」

「それならええことだ。入ってごせえ」ということで、その人は中へ入って行った。

その人は拝むことは知らず、いいかげんなことをしゃべって今度は左の手でぱっと、

「五寸ほど」とあおいだら、鼻が五、六寸ほど短くなる。

「こりゃええ」と娘さんも気分がよくなってくる。その人は、一晩泊めてもらって、明くる日、モモヒキ（股引＝作業用の）を履いて家から出かけたら、

「どこへ行かれますか」

「いや、わしゃ用があって出ようかと思っとる」

「ここで逃げられちゃあ困る。鼻が元の通り治るまでおってもらわにゃ。金がいるなら出しますから」と引き留められてしまった。

それでも何日もいるわけにはいかないので、朝一寸、昼一寸、晩一寸と少しずつお嬢さんの鼻を縮め、三日ほど泊まっていて、元の通りに治したそうな。そうしたら、「こりゃ命の恩人だ」というので、その人はたいへんにもてなしてもらい、お金ももらって、それで涼しい顔をして国へ帰ったって。昔こっぽり。

解説

語り手の山口さんによると、この話は幼少の頃、祖母から聞かせてもらったもの、とのことだった。

関敬吾『日本昔話大成』の戸籍では、主人公が鼻を高くしたり、低くすることのできる扇をもらって、それで長者の娘の鼻を高くし、後でそれを治すことによって感謝され、幸運を得るというものであるから、普通なら本格昔話の中の「呪宝」あたりにありそうだが、実際はそこにはなく、笑話の「誇張譚」の中に「鼻高扇」として存在しているのである。

51

食わず女房（東伯郡三朝町大谷）

中部

語り手　山口忠光さん（明治40年生まれ）
収録・昭和63年8月19日

昔、一人暮らししとった男がおっだけど、その男は欲ばりだった。あるとき、

「わたくしは飯も何にも食わいでもええけえ、嫁さんにしてください」と来た女がいたので嫁にした。何日たっても飯を食べないので、ある日、

「おれぁ、ちょっと用があるけぇ出てくるけぇ」と出たふりをして、アマダ（草葺き屋の二階にした物置部屋）へあがって、のぞいて見たら、その女が釜いっぱい飯を炊いて、そいから髪を分けて、その中へ飯を取っては入れ、取っては入れして、そいから髪を元の通りにしてしまった。

「やっぱりこいつ、蜘蛛の化けだったか。しかたがない」

それから知らん顔でもどって明くる日に、

「長いことおってもらったが、おまえ、いんでごせ」言った。

「気に入らんならいにますけど、今まで働いた分に、桶を一つ買ぁてごしなはれ」って。

「桶なら買ぁちゃる」と男は桶を買いに出てもどった。

「まあ、帰りますけえ」と女は、言ったと思ったら、その男を桶の中へ投げ込んで山の中へ入った。その男は桶から出ようはないし、困っとったそうな。

女は桶を担いで出かけたが、「まあ、ちょっとタバコ（休憩）しょうかい」と、その女がタバコしたところの上の方から木の枝が出ていた。

男はその木の枝へさばってぐ—っと浮き上がって、やっと助かって、そいから、—どこ行くだらあか—と思って後をそろ—っと後をつけたら、奥の方に帰って、

「お—い、もどった、もどった。おまえたちにええおかずを取ってもどたったけど」って、そいから桶を見たらないので、

「ありゃ、どっかで抜けて逃げたかなあ、まあしかたがない」って。

そうしていたら神様のお告げに、「あの女房は蜘蛛の化けだけえ、それで五月の節句（旧暦）にゃ菖蒲と蓬と茅といっしょにくくって、屋根へ飾っとけ。そうすりゃあもう来んけえ」と言われた。

—こりゃありがたいことだ—と思って、男は家へ帰ってすぐやったら、二度と蜘蛛の化けは来なんだって。

それで今でも五月の節句にゃその屋根を替えるちゅうことに、昔話でずっと伝わってきとるだけえ、それでよう覚えといてよ。

昔こっぽり。

解説

読者のみなさまもよくご存じの話であろう。

語り手の山口忠光さんの話では、魔物を退治する茅について「昔は山を焼いていたが、焼かない所の茅がよい」と話しておられる。

ところで、関敬吾『日本昔話大成』の分類では、この話は本格昔話の「逃竄譚《とうざんたん》」の中に「食わず女房」として位置づけられており、各地で好まれるようで、全国各地でよく聞くことの出来る昔話である。

52 サバ食い山姥（東伯郡三朝町吉尾）

語り手　別所菊子さん（明治35年生まれ）
収録・昭和61年8月22日

昔々、馬子が馬を追って八橋《やばせ》の町にサバ買いに行って帰っていたら、山姥が出た。「馬子殿、サバ一本ごっされ」「殿さんのサバだ、ようやらん」「なら、おまえ取って噛む」。

怖くなってサバを一本やった。山姥は食べて馬子に追いつき「サバ一本ごさにゃ取って噛む」「しかたがない、みんなやらぞ」とサバを下ろしてもどっていたら、「馬の足、一本ごしぇえ」と馬も食べてしまった。

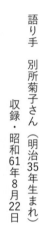

馬子が走っていたら、一軒家が見えたので飛び込んだ。「ごめんください」と声を出しても返事がない。「しかたがない。泊まらしてもらおう」と囲《い》炉《ろ》裏《り》のアマダ（草葺き屋の二階にした物置部屋）に上がったら、山姥の家で山姥が帰ってきた。

山姥は「餅一つ焼いて食わあかな」と餅を囲炉裏に焼いて、醤油を取りに向こうへ行った。馬子がアマダの上から棒を下ろして、餅を突き刺して上げて食べたら、山姥が醤油を持ってきて、囲炉裏をほぜってみたけれども、餅がないから、また餅取りに行った。その間に、馬子が醤油をつきこぼいてしまった。

「今夜は寝るとしょう。アマダに寝《に》ょうか、納戸に寝ょうか。オモテに寝ょうか、いっそのことアマダに寝ょう」と上がってくる。それで馬子が怖くなってプーッと屁をひったら、「アマダは臭い。いっそお釜に寝よう」と釜の中に入って寝た。

馬子がアマダから下りて行くと、ギチギチときしむ音がする。釜の中では山姥が「ギチギチ鳥が吠える、いんまに夜が明きょうが」と言っている。馬子が山姥の寝ている釜に蓋をし、大きな石を乗せ、クド（竈《かまど》のこと）の窯《かま》に火を焚くとドウドウと燃え出した。山姥は、「ドウドウ鳥が吠えるけえ、夜が明けるが」と言っていたら、釜が熱くなってきたので、「馬子殿、こらえてごっされ。部屋の隅にもオモテ（表座敷）の隅にも金がいっぱいあるけえ、みんなおまえにあげる」と叫び出した。

けれど馬子は取り合わず「馬食いサバ食いした罰だ」と火を焚いて山姥を焼き殺した。表座敷や部屋を見たら、何かの骨やなんかばっかり転がっていたのだって。こっぽり。

解説

関敬吾『日本昔話大成』では、本格昔話の「逃竄譚」の中に「牛方山姥」として登録されている。東日本では牛方、西日本では馬子とか馬方が主人公になっている。しかし、これもあくまでも大勢を述べたまでで、山陰両県でも主人公が馬子ではなく、商人としていたり、隠岐島（海士町）では魚屋と変化していたりする。

ところで、山姥は元来山の神であったのが、零落して妖怪化したものという。それでも神の名残をとどめているのは、主人公を試し、勇気を持って立ち向かった者に対して幸せを授けるというところではなかろうか。

53 猿神退治（東伯郡三朝町吉尾）

中部

語り手　別所菊子さん（明治35年生まれ）
収録・昭和63年8月23日

昔、宮本左門之助という侍が諸国を回っていたら、大きなむく犬が鎖で縛られ、その犬が涙を出していた。「何でこがしてあるだか」「家の人にかみつくので、こがぁにしてある」「わしにくれんか」「連れて逃げてればあげる」。

犬もらって次の村に行ったら、みんなが泣いとっだ。

「こら泣き村ちゅうとこだか」って聞かれたら、「泣き村じゃないけど、ここの氏神さんは祭りに若い娘を御供にあげにゃあならん。今年は庄屋の娘さんに白羽の矢が立って、みんないとしゅうて泣いとります」って言った。

宮本左門之助は「人助けしられなならんやな神さんが、人身御供をあげられるなんて不思議なことだ。わしに任してごさんか」って櫃《ひつ》をこしらえ中に境して、片一方には庄屋の娘さんを入れ、片一方にはその犬を入れて、蓋が取れるやにして、お宮さんにになって上がって置いて帰ってしまった。

宮本は舞殿の下に鉄砲に弾を込めねらっとったら、夜中にお宮の戸が開いて、おじいさんとおばあさんと出てきて、「今日は祭りだけえ、みんなが出て来い」て言われたら、たくさん出てきて、踊れや歌えや相撲やいろいろしよった。

「御供をいただく。蓋はぐってみい」って。若いもんが蓋はぐりかけたら、犬がうなっとるだけえ、「ようはぐらん」って言う。「ようはぐらにゃ、柴被りの伍兵を呼んで来い」。呼びに行ったら、伍平が来たけど、はぐりかけてみたら、犬がおるだけえ、「これまでと違う、御免こうむります」といんでしまったって。

そのおじいさんが、「愛想のないやつらばっかしだわい」てって、杖もってひょーいと開けられたら、むく犬が出てあちこち若いもんをかみ殺し、で、おじいさんとおばあさんはそのお宮の中に戸を開けて入りかけたところを、宮本が鉄砲でねらっとって撃った。

夜が明けたら「生きておらんだも知らん」て村の衆が総出で来てみたところ、「これこれだ」って。若い者らちはタヌキやキツネの子や古ダヌキの夫婦で、それをみな犬が噛んだ。

そって、その宮本さんに礼を言ったら、「わしに礼を言うよりゃあ、礼を言われるならこの犬に礼を言ってやってごしぇ」って言って、「犬のお手柄だけえ」。そって村の人も喜んで、「もうこうからは御供やなんかあげえでもええ」、その肉ぅ料理して食べて喜んだって。

こっぽり。

解説

関敬吾の『日本昔話大成』の分類では、本格昔話の「愚かな動物」の中の「猿神退治」として登録されている話型がそれである。

別所菊子さんは中部地区の語り手として、優れた方だった。鳥取県立博物館のホームページで是非お聴きいただきたい。

54 似せ本尊①（東伯郡三朝町吉尾）

語り手　別所菊子さん（明治35年生まれ）
収録・昭和63年8月21日

村に庄兵衛というおじいさんがあって、町に牛を追って出たり、買ってきたりしていました。

この下の細越にキツネがいて、人に悪さしたり、だましたりします。

ある晩、庄兵衛が遅くなって牛を追いながらもどっていたら、若い娘が話しかけてきました。「どこまで帰んなはる」「吉尾までいぬる」「おれもそっちにいくけえ、乗せてくれ」。

庄兵衛が娘を抱き上げたら、とても軽い。「おれに悪さする手だな」としっかり馬の背に縛りつけました。「ようにからみつけなはらでも、落ちらせんけえ」「落ったときに悪い」。

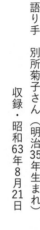

やがて吉尾の入り口まで帰りました。「ここでおろいてごしぇ」「うちまで行か」。庄兵衛は、自分の家まで連れて帰って「お客てらってもどったけん、鍬の鉄焼け」。

庄兵衛は娘をキツネと見破って、鍬の鉄でキツネを焼くつもりだった。牛から娘を下ろすようになったら、娘は飛び降りて、家の中に飛び込みました。「どこだし出るところはないだが」。部屋の中を捜しても分かりません。（庄兵衛と妻の）二人が表座敷に入ったら、仏壇の上段にホゾン（本尊）さんが二つ並んでおられます。どちらがキツネの化けた偽物のホゾンさんか分かりません。「どっちだか分からんけど、うちのホゾンさんはお茶すえると、喜んで鼻もっけれさしなはるけえ、お茶、すえてみてごしぇ」。お茶を供えますと、キツネの本尊さんが、鼻をもっけれと動かしました。庄兵衛が鼻を動かした本尊を捕まえ鍬の鉄をひっつけ仕置きをしました。

キツネは「このへんにゃあおらんけえ逃がいてごしぇ」と謝まりました。庄兵衛も「それなら逃がいたる」と約束させ逃がしました。

何年か経ち、庄兵衛が旅でお伊勢さんに参っていたら、薮からキツネが出て、「伯耆の庄兵衛」と言います。見たら、やつれたあのキツネです。「よそに来たけど、『ここはおれが領分だ』てって、おれがハン（領分）がなあて、やせてしまった。もう悪ことぁせんけえ、もどいてごしぇ」と頼みます。

庄兵衛は「悪ことしぇにゃあもどいたる」と、そのキツネを元の細越へ帰してやりましたと。こっぽり鳶の糞。

解説

昔話の中でもよく親しまれており、山陰両県でもあちこちで聞くことのできるものである。みなさんは幼いころの思い出として、祖父母から聞かされた体験をお持ちのことと思う。

別所さんのこの話では牛追いの庄兵衛が主人公であるが、本書に掲載はしていないが、同じ三朝町大谷の山口忠光さんや大山町の話では、寺の和尚の名前をスイトンといい、そこへいたずらキツネが和尚の名を呼びかけやって来るが、小僧に見破られて寺に逃げ込むという形になっているのである。

55 化け物問答（東伯郡三朝町吉尾）

語り手　別所菊子さん（明治35年生まれ）
収録・昭和63年8月21日

中部

昔、修行僧がやって来た。日が暮れかけたので、ある家へ「泊まらしてくれんか」と言ったら、「年の内にゃあよう泊めんけど、奥の山寺がある。そこでもよけりゃ泊まんなはい」と言う。

その僧は寺で泊まった。

讃《さん》を一心に拝んでいる最中、上の方がピカピカ光って、ドスーンと大きな音がしたので、僧がのぞいたら、大きな坊主が座っておったって。外の方から、生温いような風が吹いてきたら「テッチン坊、うちか留守か」「うちでござる。どなたでござる」「トウザンのバコツ」「まあ、お入り」。

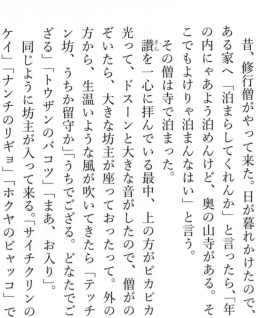

同じように坊主が入って来る。「サイチクリンのケイ」「ナンチのリギョ」「ホクヤのビャッコ」である。そして「何だか今夜は人臭いやな」と言い出した。

その修行僧は仏さんを一心に拝んでおられたが、仏さんの教えられたことを言ってみたろと、襖を開けて出て「テッチンボウと言うのは、この寺を建ったときに使った椿の杵だ。消えてなくなれ」と言うと消えてしまった。「トウザンのバコツちゅうのは、この寺の東の薮におる馬の頭だ。消えてなくなれ」と言った消えてしまう。「ナンチのリギョは、この寺の南の大きな池に住む古い鯉だ」こう言うと、また消えてしまう。「ホクヤのビャッコは、この寺から北におる白い狐だ。消えてなくなれ」と言ったら、消えるし、みんな消えてしまったって。

夜が明けたら、村の人が「あの坊主も噛まれてしまったたらぁか、行ってみたれ、村中行ってみたらぁ」と村の衆みんなで寺へ上がった。修行僧は「出たとも出たとも。今日はまあ、捜いてみてごしぇ」と言いなさるので、アマダ（草葺き屋の二階にした物置部屋）へ上がったら、隅からピッカピッカ光るもんがある。「あれがテッチン坊だ」と言ったのはよかったけれど、こわいので、「おまい、先行け」と言いあっていたが「いっしょに行かぁ」ということで行ってみたら、椿の杵だった。それを下へおろして割ったところ、精《しょう》（＝たましい）が入っていたので血が出たそうな。それから、南の方の池を干したら大きな鯉がおったので、そいつを捕ってきたり、北の方に行って、昼寝している狐を捕《つか》まえてきたり、西の竹薮の中に古い鶏が一羽おったのを捕ってきたりして、それを肴に盛大に酒盛りをしたそうな。

そのうち修行僧がみんなに「この寺を、わたしにくださらんか」と言ったら「ここで信心してごされりゃあ、喜んでおまえさんにあげます」ということになった。りっぱなお寺になったという話。こっぽり。

解説

この話は、関敬吾の『日本昔話大成』によれば本格昔話の「愚かな動物」の中に位置づけられ、人気のある話の一つである。漢語を大和言葉で言い換えることで意味の理解できる、子どもたちに好まれる話であろう。

56 法事の使い（東伯郡三朝町吉尾）

中部

語り手　別所菊子さん（明治35年生まれ）
収録・昭和63年8月23日

ある日「お父さんの法事する」と兄貴が言いました。弟はブツという名だったそうです。「お寺さんに行って和尚さんを迎えて来い」。ブツは「和尚さんはどこに、おられるだや」と聞きます。「お寺の高いとこに黒い着物着ておられる」と教えますと、ブツは出かけました。

お寺の屋根にカラスが止まっていた。「お父さんの法事するけえ、来てごしなはれ」と言ったら、カラスは「アホウ、アホウ」って逃げてしまったそうです。

「兄さん、『アホウ、アホウ』てって逃げてしまったで」「そら、カラスだがな、もっぺん行って来い。和尚さんは赤い着物着とられるけえ」、またブツは出かけました。お寺の入り口に赤い馬がつないであったそうです。ブツは「おとっつぁんの法事するけえ、来てください」と言いました。馬は「ヒヒヒヒーン」と笑っていて来ません。兄さんは「そりゃ馬だわな。わしがご飯を炊きかけとっだけえ、わしの方が和尚さん、呼んでくる。おまえ、このご飯見とってごせ」と言ったそうです。

ご飯が煮えたって、ブツブツブツブツ言いだしたそうです。ブツは「おい、何だいや」と返事をしても、まだまだブツブツ言っています。ブツは怒って、火すくいに灰をすくって釜の中にかけました。兄さんはお寺さん迎えてもどって「お寺さんにそねなご飯は出されんし、甘酒なと出すだわい」と言いました。

アマダ（草葺き屋の二階にした物置部屋）のハンドウ（水壺）に甘酒があったそうです。兄さんは「わしがそらに上がって下ろすけえ、おまえ、ケツぅつかまえておれ」。そうして「じっとつかまえとれえよ」、ブツに「つかまえたか」と言いますと「つかまえた」と返事しました。

兄貴が手を離したら、甘酒のハンドウは、下にガジャーンと落ちてしまいました。兄貴が「何でつかまえとらなんだら」と怒ったら、ブツは自分のお尻を爪櫛の立つほどきつくつかまえておったそうです。

それで「甘酒もいけんやになったし、和尚さんにはお風呂など入ってもらえ」と言いました。

和尚さんがお風呂に入られたら、ブツが兄貴に言いました。「兄さん、『ちいっと湯がぬるい』って言われるが、どがしょうか」、「兄さんは忙しいだけえ、何ぞ、そこらにあるもんをくべてわかせ」と教えましたら、ブツは和尚さんの衣やなんか脱いでおられたものをくべてしまったそうです。

こっぽり。

解説

関敬吾『日本昔話大成』で見ると笑話の「愚か聟」の中に「法事の使い」として、二種類紹介されている。

別所さんのこの話の方は、山陰両県でもよく語られているものである。とぼけた味わいは鳥取県立博物館のホームページで語り口を是非聴いてみていただきたい。

中部

57 蛇婿入り③（東伯郡三朝町山田）

語り手　松原豊野さん（明治35年生まれ）
収録・昭和63年8月24日

昔、東の長者と西の長者があった。田植えをしなければならないのに、雨が降らないため、東の長者が堤に出て、雨をお願いされたけれども降ってきません。

ある日、堤のへりに小さい蛇がいたので、蛇に「雨を降らしてくれ。うちには娘が三人おるけえ、おまえに一人嫁にやる」と言われたら、雲が出て雨が降り、何十町も田植えができた。

長者は家に帰り、上の娘に「蛇の嫁になってくれ」と言っても「ようならぬ」、中の娘も「ようならん」と言う。下の娘が「嫁になるので、本を十巻とイワシを買って」と頼みました。

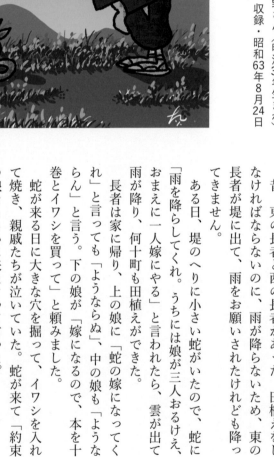

蛇が来る日に大きな穴を掘って、イワシを入れて焼き、親戚たちが泣いていた。蛇が来て「約束の娘をもらいに来た」って言った。

「その娘が死んだので、葬礼しよる」て言ったら、蛇が「嫁になってごす人が死んだなら、おれも死ぬる」と、火が燃えているところに飛び込んで死んだ。

娘さんは「蛇の嫁だから嫁には行かん」と西の長者の女中になり、顔に灰を塗って汚い衣装を着て、下部屋の女中をしておった。

毎夜、しまいに、その女中さんは風呂に入り、きれいな衣装を着て、持っていった本の十巻を読んでおった。そこの若い息子が外から帰って来ると、下部屋に灯がついており、話し声がする。それが毎夜毎夜なので不思議でかなわんからのぞいてみた。

するときれいな娘がむつかしい本を読んでいるので、不思議でしょうがない。若さんはその娘さんが好きになって、結婚話が出ても頭を振ってその話に乗られない。しまいにはとても痩せて、寝込んでしまわれたそうです。

西の長者は拝んでもらいに行かれたら「好きな女があるためだ。女は家の中におる」っていうことなので、上の女中から次々お膳を持って行かせても若さんはご飯を攝《と》らない。長者はあきらめておられたけれど、「もう一人、下部屋の灰坊も女だが、あれに持っていかしてみるがええ」という話になった。灰坊を呼んで、「若さまにお膳を持って行くだけえ、きれいに湯に入って来い」と言った。娘さんが風呂に入って、きれいな衣装を着て出られたところ、あんまりきれいなのでみんながびっくりしてしまって、若さまのところにお膳を持って行かれたら、若さんはそれを食べられたのだってなあ。素性を調べてみられたら東の長者の娘だったということで、その娘さんと結婚された。

ところで、娘さんの姉さん方はいくらよいところに行かれても、貧乏になるし、その娘さんは最後までよい暮らしをしておられたそうです。それで昔こっぽり。

解説

この話は関敬吾『日本昔話大成』で本格昔話「婚姻・異類聟」の「蛇聟入」に該当する。おなじみの話である。

58

小僧の飴なめ（東伯郡琴浦町高岡）

中部

語り手　毎田定子さん（大正9年生まれ）
収録・昭和61年8月2日

あるところのあるお寺に、和尚さんと小僧さんがあったそうな。

　あるときに小僧さんがふっとのぞいて見たら、和尚さんがなんやら鉢の中からおいしそうなもんを出して食べとんさったもんで、なんか小僧さんもほしかったんだけど、なかなかそれ、もらって食べることができなんだ。

「和尚さん、それは何ですか」て聞いたら、「これは毒が入っとるので、子どもが食べたら危ないだけん、食べられんだけえ」というようなことで、いつも和尚さん、自分一人でこっそりと食べとったそうな。

　それから、ある日のこと。

　小僧さんは、ほしゅうてたまらんので、和尚さんが出かけられた後で、そっとその和尚さんの部屋に入って見たら、鉢の中においしそうな飴が入っとったんだ。それを少しずつ少しずつ食べてみたら、おいしいので限りがなかった。

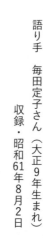

さあ、そこへ和尚さんが帰ってこられた。「さあ、困った。どうしよう」と思って、とっさに考え、思い切ってその鉢を割ってしまいました。「これ小僧、なんとしたことをしたのだ。大事なこの鉢を割って」と小僧さんは和尚さんから叱られました。

　そしたら、小僧さんが言うには、「和尚さんなあ、誤ってこの鉢を割ってしまいました。その申し訳がないので、いつも和尚さんが『毒だ、毒だ』ておっしゃてるから、この毒を嘗めて死んでしまおうかと思って、一生懸命嘗めましたけども、まだ死ねません。申し訳ありませんでした」て謝ったそうな。

　それを聞いた和尚さんもとうとう叱ることもできなんだので、かえって叱られるどころか誉められたそうな。

　その昔こっぽり。

解説

　この話は関敬吾『日本昔話大成』で調べると笑話「和尚と小僧」の中にある「飴は毒」に該当し、以下のように紹介されている。

　和尚は飴《あめ》（梨・酒・砂糖。金平糖《こんぺいとう》＝砂糖菓子）を毒だといって小僧に与えない。小僧は和尚の秘蔵の茶碗を割って飴を食う。申し訳に死ぬつもりだがまだ死ねぬという。

　狂言の演目の「附子《ぶす》」もここから作られたものと思われるものである。

　山陰両県でも好まれている話であり、あちこちで聴くことが出来る。

　語り手の毎田さんをお訪ねしたのが私の五十一歳のときであり、毎田さんの姑にあたるすゑのさん（明治26年生まれ＝当時93歳）からも民話やわらべ歌の数々をうかがった思い出は懐かしい。鳥取県内の口承文芸の資料は、いずれも鳥取県立博物館のＭＤに収めているので、関心をお持ちの方は出かけて活用していただきたい。

59

ホトトギスの鳴き声（東伯郡琴浦町高岡）

中部

語り手　高力秋寛さん（昭和3年生まれ）
収録・昭和61年8月2日

ホトトギスの鳴く声は「オトトコソ、オトトコソ（弟こそ、弟こそ）」と聞き取れます。その由来です。

昔、仲のよい二人の兄弟がありました。

ところが、兄さんが病気になって床についてしまいました。

弟は「えらいことになった。何とか兄さんに元気になってもらわねばならん」と隣の人に聞くと「山芋を食べさせたら精がつく」と教えてくれました。

そこで弟は、毎日毎日、山に行って山芋を掘ってきて兄さんに精がつくように食べさせてあげました。

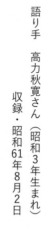

兄さんも、たいへんに喜んでそれを食べさせてもらっていました。

そうしながら「こがあにうまいもんがあるだか。弟はおれにうまいもんを食わせるだが、あいつは山へ行ってこれを取って来るだけん、まだうまいところを食うとる」と思っていました。

あるとき、弟が寝ているとき、弟を殺して腹の中を見たら、山芋の首しか出てきませんでした。

つまり、山芋の小さいところばっかり食べていたことが分かったのです。

そこで兄さんは「弟は芋の一番屑《くず》のところを食って、おれにはこがいないいところを食わしてごいとっただが」と弟を殺してしまったことを、とても悲しんで、弟にたいへん感謝しながら、いつの間にかホトトギスになってしまいました。

そうして大空を飛び飛び、「オトトコソ、オトトコソ……」と鳴くのだそうです。

そして、ホトトギスは八万八声鳴かなければ恩送りができないとも言われています。

解説

この話は関敬吾『日本昔話大成』で動物昔話の「小鳥前世」譚の中に位置づけられている。類話は鳥取県内のあちこちでこれまでにも収録されているが、おおむね兄が弟の腹を割く形で話が展開している。ただ、岩美郡岩美町田後では、反対に盲目の弟が山芋を取ってきて、おいしい方を食べさせてくれている兄を邪推して、その兄の腹を割く形になっており、したがって鳴き声も「弟恋しい」ではなく、殺された兄が鳥になって「オットト（弟）見たか」と鳴くことになっている。また、この鳴き声については、県内でも多少のばらつきが見られる。

琴浦町高岡と同じ「おととこそ」とするところは、湯梨浜町別所・山川・国実、琴浦町古長など。「おとと来たか」が、鳥取市国府町神垣、同市用瀬町松原・河原町河内、倉吉市尾田、日野郡日南町など。「弟まだか」が八頭郡智頭町穂見であり、少し変わったのでは同郡若桜町大野で「親ののどを掘らにゃよかった。アオアオ」である。

昔の人たちは、動物の鳴き声も、前世の由来譚に仕立て上げていたのである。

60 焼き餅和尚（東伯郡琴浦町高岡）

中部

語り手　毎田定子さん（大正9年生まれ）
収録・昭和61年8月2日

昔々、あるところのあるお寺に和尚さんと小僧さんがおりましたそうな。和尚さんはいつもお餅が好きで、お餅を焼いては一人で食べておりましたので、小僧さんが「何とかして一つほしいなあ」と思いながらも、ようもらって食べることが出来なかったので「どうしてもらって食べようか」と考えました。

ある日、和尚さんは、また、お餅を焼いていましたので、どうかしてそれを一ついただきたくて、のぞいていました。和尚さんところへ近づくと、あわてて和尚さんは火鉢の中にお餅を隠しました。さあ、そしたら小僧さんは「和尚さん、和尚さん、いい話があります」「なんじゃいな」ということで、火鉢へ近づきまして「近所にいいお家が建ちましてねえ」「ほう、そうかいな」。火箸をつかまえて「このへんに柱が建ちましてねえ」。火箸を火鉢の中へ立てましたら「ああ、そうかい」と、和尚さん、うなずいていたところが、上げてみたら火箸の先にお餅がくっついてました。

「和尚さん、こんなところにこんなもんが」と言って、火箸のお餅を見せましたら「おう、食べなさい」って言われたもので、小僧さんはそれをいただきました。その次にまた火箸を持ちまして「こちらにも一本、立ちましてねえ。柱が」と言ったら、またお餅がついて上がりました。

「ほう、それも食べなさい」ということになりまして、とうとう念願のお餅を腹いっぱい、いただいたそうです。その昔こっぷり。

解説

関敬吾『日本昔話大成』の話型では笑話の「巧智譚」「和尚と小僧」の中に「焼餅和尚」として次のように登録されている。

和尚が餅を灰に埋めて焼く。小僧が来たので建て前を見せてやる。小僧は餅を発見して食う。

私が収録活動に励んでいた頃のことを少し記しておきたい。活動開始は昭和三十五年一月。半世紀以上も前になる。当時私は三隅中学校（現在の浜田市立三隅中学校）に勤めていた。その後、高校、大学と勤務形態は変化したが、無形民俗文化財である民話やわらべ歌、民謡など、休日を利用して山陰両県内を回り、古老の方々から録音させていただき、かなりの分量になった。鳥取県立博物館では、それらをＭＤに収め保存し、島根県では古代出雲歴史博物館でＣＤに収め保存している。

その上、鳥取県立博物館ではウェブサイトに積極的に登載してくださっているので、一般の方の活用も容易であり、『日本海新聞』への連載企画もその中から生まれたのである。文明の利点を生かしたこのホームページへの登載は、収録当時の状況が理解いただけ意義深いことだと感謝している。

61 だぁず子の物売り（米子市岩倉町）

西部

語り手　田子　綾さん（大正7年生まれ）
収録・平成8年11月17日

あるところに、大変なバカな男の子がいた。

その子に親が「おまえ、この茶と柿と栗と麩《ふ》を売りに行ってこい」と売りに行かせたところ「一つも売れなかった」ともどって来た。

「どこに行って売って来た」と聞いたら「人の一人も通っていないとこを歩いた」と言うので、「もっと人のいっぱいいるとこで売って来い」と教えた。

それで今度は人のいっぱいいるところへ行ったけれど「今日もまた売れなかった」と帰って来たのでよく聞くと「人が亡くなられて、葬式のとこだった」と言う。「そら売れんはずだ。もっと人通りの多いとこで売ってきなさい」と教えて出したが「また売れなかった」と帰って来たので「どう言って売りに歩いた」と聞くと「茶と柿と栗と麩だから『茶栗柿麩。茶栗柿麩』と言って歩いた」と言う。「それでは何言っているか分からないから、茶は茶で別々に、栗は栗で別々に、柿は柿で別々に、麸は麸で別々に言わないと分からない」と教えて行かせたが、「今日も売れなかった」と帰って来た。「どう言って売ってきた」と聞くと、その子は「茶は茶で別々。栗は栗で別々。柿は柿で別々……と言って売って歩いた」と言う。「そら売れないはずだ。そんなバカげな売り方はない」という、とんとん昔の物語。

解説

「だぁず子」というのは、共通語に直せば「バカな子」ということになる。昔話の分類では動物昔話、本格昔話、笑話と大きく三つに分けられるが、この「だぁず子の物売り」は笑話ということになる。

類話は広く各地に伝えられている。もちろん鳥取県下でも、よく語られており、佐治谷話としても語られているので、読者の方々も、以前どこかでお聞きになったり本でお読みになった経験がきっとおありのことだろう。

この話は、関敬吾『日本昔話大成』で見ると、笑話「愚人譚」の「B 愚か聟（息子）」の中に「茶栗柿」として次のように登録されている。

1、ばか息子（聟）が茶・栗・柿・（麸《ふ》）を売りに行く。つづけさまに名をふれるので、聞いた人にわからず、売れない。2、別々にふれるものだと教える。茶は茶で別々とふれるが、それでもわからず、少しも売れない。

語り手の田子さんは、昔を思い出しながら、手まり歌などのわらべ歌や祝言歌などをうたってくださったが、この「だぁず子の物売り」については、母カツノさんから聞かせてもらったものです、と懐かしそうに語ってくださっていたことを思い出す。

もう二十年以上も前になるが、『新修米子市史』第五巻（民俗篇）の資料を集めていたときに、うかがった話の一つがこれなのである。

西部

62 八百比丘尼《びくに》（米子市彦名町）

語り手　河場敏雄さん（大正15年生まれ）
収録・平成7年11月18日

昔、粟島《あわしま》の里に漁師たちが講をした。一人がトイレに行き、料理場を見たら、得体の知れぬものを料理している。「たいへんなものを料理しちょる。出しても食べるな」と話していた。

案の定、その料理が出たので「あんなもん食べちゃあ、ろくなことはない」と家へ持って帰らずに途中でみんな捨ててしまったが、一人の酔っぱらった漁師が、捨てることを忘れてわが家へ持って帰った。戸棚へ入れておいたら、そこの娘さんが、そのご馳走を食べてしまった。

それが人魚の肉で、食べた娘さんは、八百年まで長生きし、晩年は、粟島神社の洞穴《ほらあな》に入って入寂したそうな。いわゆる八百比丘（尼）さんが、終生住んだというのはあの洞穴だと聞いております。

解説

この「八百比丘尼」の話は全国的に伝承されて

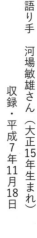

いる。長寿を主題とした説話としてまず思い出されるのが、異界の理想の国である竜宮城へ招待された浦島太郎であろう。そして、男性が主人公であるこの浦島太郎に対して、こちらは女性が主人公となっている。

また「昔あるところに」で始まる浦島太郎は、説話の種類では昔話であるが、この比丘尼の話は、米子市の粟島というように、場所を特定しているところから、伝説に入る点も浦島太郎とは対照的である。

地上に生まれてきた生物は、例外なく死ぬ運命を背負っている。万物の霊長たる人類も例外ではない。すなわち、地上に君臨するどのような権力者であっても、この運命から逃れることはできないのである。人々はそれ故にこそ、可能でさえあれば、不老不死でありたいという叶わぬ願いを持つのではなかろうか。そのような背景の中から出現してきたのがこの八百比丘尼伝説だと思われる。

さて、この八百比丘尼伝説は多くの支持があるのか、調べてみれば、二十七都府県で確認されている。挙げておくと東北地方（福島）、関東地方（栃木、群馬、埼玉、千葉、東京、神奈川）、中部地方（新潟、富山、石川、福井、岐阜、愛知、山梨、長野）、近畿地方（三重、京都、和歌山、兵庫）、中国地方（鳥取、島根、岡山、広島）、四国地方（香川、高知）、九州地方（福岡、熊本）となっている。

一方、伝承の未発見のところは二十道府県で北海道、東北地方（青森、岩手、宮城、秋田、山形）、関東地方（茨城）、中部地方（静岡）、近畿地方（滋賀、大阪、奈良）、中国地方（山口）、四国地方（徳島、愛媛）、九州地方（佐賀、長崎、大分、宮崎、鹿児島、沖縄）となっている。また島根県浜田市、京都市丹後町、岡山県浅口郡金光町には、同じ内容でありながら、千年生きたとする千年比丘尼伝説が存在しているのである。

西部

63 大山と唐山《からやま》の背比べ（米子市今在家）

語り手　松原あきさん（大正12年生まれ）
収録・平成7年4月4日

昔、唐の国の人が「大きな唐山という山を日本人に見せてやろう」と海を渡って唐山を持ってきて、今のところへ置き、振り返って見たら霊峰大山がありましたから、その姿を見てびっくりして「まあ、こりゃ日本にも大きな山があるんだなあ」と言って、唐山を持って帰ることを忘れて、ここへ置いて帰ったそうです。

それが今の唐山で、この名前がついたそうです。

解説

普段眺める山に親しみを感じて、人びとはほほ笑ましい伝説を作り上げていた。

その中でも山の高さを競って、どちらが高いかと高さ比べをし、結論はわが里の山に軍配を挙げていたのである。

このような話は、全国各地にたくさん残されている。

昔の人々はよほどこの種類の話が好きだった模

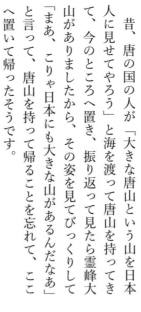

様である。
鳥取県内でもこの話はいろいろある。他では大山と高麗山、大山と丸山などあるが、いずれも一つは大山が主役になっている。少し仲間の話を『日本伝説大系』(みずうみ書房) 第11巻 (山陰) から拾っておこう。

鷲峰《じゅうぼう》山と大山と背くらべで喧嘩した。長い樋《とい》を渡して水を流し、水の流れた方が負けということになった。大山の方へ流れたので怒った大山が直ちに長い鉄の柄の杓子を伸ばして鷲峰の頭をすくいとって自分の頭にくっつけた。それで今のように鷲峰が低くなった。

梗概を今一つ述べる。

大山と三徳山ができたとき、三徳山の方が高く、大山はやや低かった。三徳山と大山は背の高さで言い争いをしたが、判定を天の神に頼んだ。神は長い樋を両方の山の頂上にかけ、樋の中ほどに水を注ぎ入れた。水が東の三徳山に流れるか西の大山に向かうか、多くの山々が注目していると、水はゆっくりと西の方に流れて行く。きかん気の大山はあわてて、ちょうど博労《ばくろう》座の牛馬市の終わった跡にうず高く積みあげられていた牛馬の古わらじを頂上に継ぎたして、三徳山を低くした。しかしそれだけでは不安で、なんとかして三徳山を低くしておこうと考え、大きな鋤《すき》を持って三徳山までやって来た。三徳山はぐっすり昼寝をしていたので、大山は頂上の土をこっそりすくって逃げ出した。その物音に目を覚ました三徳山は、持ち去られた土を取り返そうと追っかけた。あわてた大山は、長瀬のあたりで岩のかけらを一つ落とした。これが長瀬の石山で、土が少しこぼれて岡になったのが江北の天神山である。三徳山はなおも追いかけてくるので、つかまってしまうと思った大山は、盗んだ土を残らず落として捨てたのが、北条平野の真ん中にある茶臼山になったという。足の速い大山には三徳山も追いつけず、諦めて帰ったが、削られ今の形になったという。

64 猫の恩返し（米子市今在家）

語り手　松原あきさん（大正12年生まれ）
収録・平成7年4月22日

昔、古いお寺があり、いつのころかお化けが出るようになり、和尚さんが行くと、必ず食い殺されます。

そこに心優しい和尚さんが一匹の猫を連れて住まわれましたら、怪物も出なくなりました。みなが「和尚さんがいいから、怪物も怖がって出てこん」と言っていた。

飼っているタマが、近くの床屋のフジという猫と仲が良くなり、いつもいっしょに遊んでおりました。

この二匹の猫は盆踊りが好きで、女の子に化けて、いつも盆踊りを一緒にしておりましたが、そのうち、村の人に見破られ、二人は猫だということが分かりました。人々はそのことを和尚さんに話しました。

和尚さんが、「かわいそうだけれども、もうここに置くことはできんから、どっか他所に飼ってもらえ。お別れにご馳走してやる」と言い、朝早くから起きて、タマの大好物の鰹節《かつおぶし》のご馳走してやりました。

すると、タマはそれを食べ、いなくなりました。

それから一週間ほどしてお寺ではまた下の方でガタガタいったりする怪物が現れるようになりました。和尚さんはもう恐ろしくてなりません。「困った。わしももうここにおられんわい」と恐ろしがっておられました。

ある日。知らない女の人がやって来て、和尚さんに「わたしはここでお世話になったタマです。あのときはお世話になりました。ところで、和尚さん、このごろ怪物が出て困っておられますが、あれの正体は大ネズミです。わたしは和尚さんへの恩返しに、ネズミを退治します。これから友だちをたくさん連れて来て大ネズミをやっつけます。それでお願いですけれど、和尚さんが最後に食べさせてくださった鰹節が、おいしかったですから、もう一つご馳走してください」そう言ってその女の人は消えてしまいました。

和尚さんは、いっぱい鰹節を削って待っていました。やがて猫たちが女に化けて来て、鰹節のご馳走を呼ばれました。

その夜、和尚さんも一緒に隠れていましたら、大ネズミが化けて出てきて、それから猫たちみんな寄ってたかって、大ネズミを食い殺しました。

寺では二度とお化けが出なくなりました。こんぽち。

解説

二十年以上も前、『米子市史』の口承文芸を担当した筆者が米子市内の語り手を捜して歩いていたおり、たまたま知り合った松原あきさんに語っていただいた。松原さんのご出身は西伯郡日吉津村なので、この話はそこで聞かれたものかもしれない。この話は関敬吾『日本昔話大成』による分類では、本格昔話の「動物報恩」の中に「鼠退治」として登録されているものに一致する。

65 赤松の池の大蛇（米子市今在家）

西部

語り手　松原あきさん（大正12年生まれ）
収録・平成7年3月13日

松江城の殿さんのお嬢さんが、（十一歳のある日）駕篭《かご》に乗って大山に詣られて、帰りに赤松の池に寄られました。そして駕篭の中から出て、その池の淵《ふち》まで行って帰られかけましたが、後帰りをしてまたその池の中にずーっと入って行かれたの。

　それからみんなが、大きな声で呼びましたら、十メートルほど先に蛇体になって現れました。それで、

「もとの身体で出てこい。もとの身体になって出てこい」とみんなが大きな声で叫びましたけども、再び池の中に入って、そのまま帰られませんでした。

　そういうことがあって、わたしたちは十一歳の年には、あの赤松の池に行ってはいけない。また、大山詣りはしても、帰りには十一歳の年の人は赤松の池に寄らないようにしていました。

解説

この話は伝説に分類できるが、この地方では比較的広く知られている。先年発行された『米子市史』の中でも紹介されている。

未婚の若い女性が池に沈んで蛇体に化す話は、人びとからは好まれているようで、本格昔話の「蛇婿入り」に関係があるようだ。

島根県隠岐の島町では「津井《さい》の池の蛇婿」というかなり規模の大きな物語があるが、スケールが大きすぎて、この紙面では紹介しきれない（拙著『ふるさとの民話』第三集「隠岐編」・ハーベスト出版など参照されたい）。それ以外では、同町（旧五箇村）でも「床山《とこやま》の蛇婿」という次の話で知られている。

一宮《いっくう》さん（水若酢神社の宮司・忌部家の屋号）のお嬢さんが中村へ遊びに出た途中、床山《とこやま》の池の畔で夕立にあったので近くの小屋に入ったら美青年が本を読んでいたが、あまり言葉を交わさぬうちに晴れたので、中村で二泊し帰ったところ、また夕立にあい小屋に入ったらその青年もいた。やはり言葉を交わさずにお嬢さんは帰ったが、家の中戸口の縁に毎朝濡れた草履《ぞうり》がある。毎夜誰かが来るらしい。床山の方へ向かう道を下男が後をつけてみたが見失ってしまった。

そうしているうちにお嬢さんが両親に向かって「わたしは床山の池に行く」と言うので聞くと「床山の主に見初められたから」と言う。みなで一緒に池まで行くと、お嬢さんは水の中に入って姿が見えなくなったので「もう一度姿を見せてくれ」と言うと、今度は蛇の姿になって出てきたが、それきりで親子の縁が切れてしまい、しかたなく両親も家に帰ったという話た。ここの地区では七月二十四日に、そこで祭りをしているという。

「赤松の池の大蛇」の話では、この隠岐の島町の「床山の蛇婿」の前半部が略され、後半部が独立した話として伝えられていると解釈できそうである。

66 薬屋さんの化け物退治（米子市観音寺）

西部

語り手　浦上金一さん（昭和3年生まれ）
収録・平成8年11月16日

昔。十二月の雪の降る日、富山の方から薬屋さんが、薬の入れ替えに来られた。

ところが、村の人がえらく悲しんでいるようなので、庄屋さんに尋ねると「氏神さんに毎年節季に娘さんを神社に捧げ祀らにゃいけんことになって、集落の家の娘さんが取られるということで、日にちが来たので、みなが悲しんでおる」と言う。それを聞いた薬屋さんは内緒で、氏神さんに出かけ待っていた。

十二時が過ぎて山の上の方から雪をかぶった何か大きな化物みたいなものが下りてきて、娘さんの入った箱を開け、山のまた上の方へまで、娘さんを連れて逃げた。

薬屋さんは庄屋さんに「来年、もういっぺんやって来て、今度は退治さしてもらう」と帰ったそうな。

一年後、薬屋さんが、今度は大きな薬箱を担いで来た。

化物に娘さんをあげる晩になったので、庄屋さんところで泊まって、箱に入れられた娘さんと一緒に神社へ上がった。

夜中の一時二時になった。山から雪をかぶった化物が出てきて、神社の方を見渡し、娘さんの箱までやって来た。

富山の薬屋さんも懐の中へ化物を退治する細い箱を持って来て、薮の蔭から今か今かと待っており化物が娘さんの入った蓋を開け、まさに娘さんの髪芯《かみしんが》をつかもうとしたとき、富山の薬屋さんが唱えごとを言われた。

越中富山の平内左衛門
しっけいけえこそ
きょうとけれ
ああ　テッカ　ハーカ
テッカ　ハーカ

唱え言を二度唱えると、箱を懐の中で撫でなさった。箱から飛び出した小さな獣が大きくなって、娘さんに手をかけているウワバミまでとんで行って、大変な格闘の結果、化物は娘さんを手つけずに山の奥の方にとんで逃げてしまった。

「富山の薬屋さん、どうもありがとうございました。いったいどげして、その化物を退治したか言って聞かしてごしぇ」とだいぶん言われた。

けれども、薬屋さんは「えんや、わしがまた今度そげなことがありゃ、言って聞かしてあげえだども、そうは内緒で話されんけん、また、来年も頼みますけんなあ」とその小さな箱をまた薬箱の中へ入れて、そうして雪の降る道をとことことことこ歩いて、富山の方にいんでしまいなさったとや。

その昔こーんぽち。

解説

『米子市史』で民話を探していたときうかがった話である。関敬吾『日本昔話大成』によれば、これは本格昔話の「愚かな動物」の中の「猿神退治」になる。

迫力満点の浦上さんの語りを鳥取県立博物館のホームページでお聴きいただきたい。

67 猿のドジョウ捕り（米子市観音寺）

西部

語り手　浦上金一さん（昭和3年生まれ）
収録・平成8年11月16日

昔。お猿さんがたくさんにドジョウを捕って、他の猿に「がいにドジョウ捕ったぞ」と見せびらかして、ドジョウを食ったげな。ところが、隣におった猿が、「わしもドジョウを捕らないけん」と、前の晩に捕った猿に「どげして捕ったか」と聞きに行った。

そうしたら「みやすいことだわ。おまえは長い尻尾だけん、その尻尾を利用して川ん中へつけちょきゃ、なんぼでもドジョウがさばあついてくうけん、その尻尾を川ん中へつけえだ」と聞かしたという。

それを聞いた猿が一晩、水に尻尾をつけておいたけれど、いくらしてもドジョウが来てくれないから、また、明くる日、ドジョウを捕った猿のところへ出かけて聞いた。「おまえが温い晩に行くけん、ドジョウが食わんだ。寒い晩の川の水がカチンカチンに凍《し》み上がぁ晩に行かないけん。凍《こお》っても凍っても、尻尾、動かさずにちゃーぁんと岸から尻尾をつけて待っちょうだ。その尻尾が凍《し》みてしまってくうけん、そげすうとドジョウが食らいついちょうけん、一生懸命で引っ張ぁだ」と聞かせてもらった。

　それから、その猿がそのことを心がけておった。夜中も過ぎたようなころになったら、だんだんしみてきて、本当に隣の猿が言ったように、尻尾を下の方からドジョウが引っ張ったように尻尾がみんなしまってきた。それで凍《し》みたやつを見計らって「よーし」と引っ張ったところが、川に尻尾が凍《し》みついてしまって、なんぼしたって、その尻尾が上がってこなかった。

　それから、とうとう、

大ドジョウ　小ドジョウ
抜いてごしぇー
わしの命もたまらのわぁ
エートヤー　エートヤー

と引っ張るけれでも、まだ上がらないものだから、また大きな声で、

大ドジョウ　小ドジョウ
抜いてごしぇー
わしの命もたまらのわぁ
エートヤー　エートヤー

　そう言って、力いっぱい引っ張ったところが、お猿さんの尻尾が、根元からポツンと切れてしまい、その上、お猿さんの顔も真っ赤になって、今でもお猿さんの顔というものは真っ赤であるし、尻尾は短くなってしまった。

　隣の猿も尻尾が短かったから、それで隣の猿と同じように短かい尻尾になったのだとや。

　だから、他のものに、めちゃに嘘をついたりなんかすることは、かわいそうなことになるのだからね。

解説

『米子市史』を作る際、浦上さんからうかがった話の一つがこれである。

　ドジョウは池沼、水田などに分布する淡水魚。

　関敬吾『日本昔話大成』の動物昔話の中の「動物葛藤」の「尻尾の釣り」にその戸籍がある。

68 藤内《とうない》狐（米子市観音寺）

西部

語り手　浦上金一さん（昭和3年生まれ）
収録・平成8年11月16日

昔、戸上《とがみ》に藤内狐という悪い狐がおって、あたりの百姓やなんかをとてもいじめるので、「退治しちゃらないけん」と話しておった。

ある若者が「わしがそれをやる。馬一頭と綱を用意し。囲炉裏《いろり》で火箸をかんかんに焼いておいてくれ」と言うのでそうしてやった。

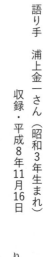

若者は戸上の藤内さんが出て来そうなところへ行き、わざと「ばばさーん、迎えに来たってぇ」と大声で呼んでみたが返事がなかった。先の方まで行って大きな声して「ばばさーん、迎えに来た」と言ったら、「ほーい」と声がしたので馬を引っ張って行った。「迎えにきてごいただか」と声がして、おばあさんが向こうの方から歩いて来ておった。若者が「えらい遅しぇけん、迎えにきたが。この馬に乗ってぃのうだが」と言ったら、若者にだまされて、馬に乗った。

若者は持ってきた紐で、ばあさんの身体を馬に縛りつけ「さあ、いなっじぇ」ととことこもどっていたら、狐がだいぶん苦しくなったらしくて騒ぎだした。「この紐を緩めてごしぇ」て言うけれども「落ちいけん。そのまま、そのまんま」と連れてもどっていたら、狐も気がついた。狐は「もうこらえてごしぇ、もうちょーっこう緩めてごしぇ」と言っていたけれども、しまいになったら「しょんべがしたんなった」と言う。「馬の上でしょんべこきゃええけん」ともどっていたけれど「しっことうんことといっしょに出だいたけん、降ろいてごしぇ」と今度は、狐の方から泣いて頼みだした。「この狐め。今日はちぇていんでぇえらい目にこかしちゃあけん」と若者も言いだした。

そして若い者の寄っている会場にもどった。「さーあ、焼け火箸を用意してああか」と言うので、狐の化けたばあさんを馬から引きずりおろして、その焼け火箸をだれもかれもで、狐のタンペ(尻)にべーたべーたひっつけて「こらえてごしぇー」と言うやつを、無理やりタンペに焼け火箸をひっつけてやった。

そして「あんまりすうと狐が死んだらいけんけん、まあこのぐらいで、放いちゃらや」と放してやった。

そうしたら、狐が泣いて、一目散に山の方へ逃げた。帰りがけにちょっとでも楽になろうかと、川に尻をつけた。そうしたおかげで狐も焼かれたところが治ったが、焼けた尻を川につけたということから今でも「尻焼き川」という名前がついた。

その昔、こんぽち。

解説

浦上さんは西部の語り手であり、ほうき民話の会のメンバーに属しておられる。語りのみごとさはまさに天下一品である。

主人公の藤内狐であるが、米子市内の戸上山《とかみやま》にある藤内稲荷として祀られている。そして米子市の伝説として藤内狐の登場する話はこの他にもいろいろある。この話はそのようなものの一つである。

69 狸と狐の化かし合い（米子市大篠津町）

西部

語り手　福島寿子さん（大正10年生まれ）
収録・平成8年3月16日

とんと昔があったげな。狐と狸がおりました。

狐と狸が「だまし比べをしよう」ということになり、それで、「いついつ、お殿さまが通られるから」っていうことで、それは狐の方が言い出したようで、で、狐はその日を知ってて言い出したと思うんですけど。

当日になりました。

さあ、狸は「狐は上手に化けたかなあ」と気になるし、見に行ったわけなんですよねえ。約束もありますし。

さあ、本当の殿さまの行列が通って行きます。

狸はすっかり感心してしまって。

「ほんのやあななあ。ほんのやあななあ」って、喜んで見てたそうですけど、お殿さまの目にふれて、「無礼者が」ということで、手打ちにされたっていう話。

昔こっぽり山の芋。

解説

鳥取県立博物館のホームページでお聴きいただければわかるが、正確にいえば、これはご本人の語りをほぼそのまま、文字化したものである。

それというのも、この話の全体が短く、紙面にゆとりがあり、そのまま出しておいたという次第である。

さて、この話は、関敬吾『日本昔話大成』によると、本格昔話の「人と狐」の中にある「狐の化け比べ」に分類され、次のように紹介されている。

1、(a)狐が狸に芝居をして見せる。(b)狸が和尚に化けて案内し、法事のごちそうを狐に食わせる。(c)狐が地蔵に化けて　弁当を供えさせて食う。2、(a)大名行列、(b)嫁入り行列、(c)侍、(d)猟師が通る。狸は狐が化けたのかと思ってからかって殺される。

ところで、米子市では藤内《とうない》狐についての伝説がいろいろと分布しており、中にはこの話も昔話ではなく、戸上《とかみ》山の藤内狐と狸の話として伝説化されているのもあり、おもしろい。

福島さんからうかがったのは、『米子市史』民俗篇の資料を収集するため、市内の公民館あたりで、口承文芸をよく知っておられる方々をお訪ねして回っていた折、聞かせていただいた話の一つであった。この他に「三声狐」「狼ようのお種狐」「粟島の八百比丘尼」などの話やわらべ歌、風習などについてもいろいろうかがったことを思い出す。資料としては今もわたしのパソコンの中に文字化されて残してあり、またカセットには音声が保存されている。その中の一つ「狸と狐の化かし合い」がこうして鳥取県立博物館のホームページに登載され、関心を持っている方々に披露できることは、お世話になったわたしとしても、本当にうれしいのである。

70 舌切りスズメ（境港市朝日町）

語り手　根平こうさん（明治41年生まれ）
収録・平成5年12月6日

とんとん昔があったげな。

おじいさんとおばあさんがいて、毎日、おじいさんは山へ柴刈りに、おばあさんは川に洗濯に行っていました。

おじいさんは一羽の雀をかわいがって飼っていました。

ある日、おじいさんが柴刈りに行った留守に、おばあさんは洗濯物に糊をつけようと思ったら、雀が知らぬ間に食べてしまっていたので、腹をたてたおばあさんは「おまえが糊を食べたな」と籠の中の雀の口を開け、鋏で舌を切ってしまったので、雀は泣きながら遠くへ行ってしまいました。

山から帰ってきたおじいさんは、そのことを聞いて「探しに行く」と泣きながら、

〽舌切り雀　こーろころ

と雀の宿を捜しに竹藪へ行くと、向こうの方から、

〽キーコや　バッタバタ
キーコや　バッタバタ

西部

カランコ　トントン
カランコ　トントン
じいさんししがない
ばあさん管がない
カランコ　トントン
カランコ　トントン……

と機《はた》を織る音がするので、おじいさんは行くと雀たちが喜んで、「おじいさんがおいでた」とご馳走をしたり歌をうたったり踊りを踊ったりしておじいさんを慰めてくれた。おじいさんは「名残惜しいけど、わたしは帰るから」と言うと、「それではお土産をあげよう」と大きいツヅラと小さいツヅラを持ってきて、「どっちがいいか」と言う。「年寄りだから小さいのがいい」と小さいツヅラをもらって帰り、玄関で開けたら、金銀珊瑚《さんご》やお金などいろいろな宝物が入っていました。

意地悪おばあさんはそれを見て、「わしも行こう」と竹藪へ出かけて行き、「雀、雀」と言うと「意地悪のおばあさんが来た」と行ったけれど、ご馳走を出してあげました。おばあさんは「早う帰るから土産をください」と自分から言うと、大きいツヅラと小さいツヅラを出し、「どちらでも気に入ったのを持って帰って」と言えば「よしよし大きい方がよい」と肩に担いで帰って行きましたが、早く宝物が見たいので、道端で開けてみました。

そうしたら、蛇とか大きなヒキ蛙とかお化けの入道なんかがいろいろ出てきたので、おばあさんは腰を抜かしてしまいました。

こっぽり山の芋。

解説

根平さんのお宅でこの話をうかがったが、ここの日いっしょに訪問したのは島根大学に留学しているアメリカ人留学生のAさんをはじめ、中国からの留学生のSさん、Kさんのほかに、特別にM新聞社松江支局のM記者、そして筆者を含めて五人であった。

根平さんはとても明るい方で、気持ちよく語ってくださった。この話は関敬吾『日本昔話大成』を引用するまでもなく「舌切り雀」は本格昔話「隣の爺」の中にその戸籍を持っているのである。

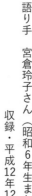

71 湖山長者（西伯郡南部町境）

西部

語り手　宮倉玲子さん（昭和6年生まれ）
収録・平成12年12月

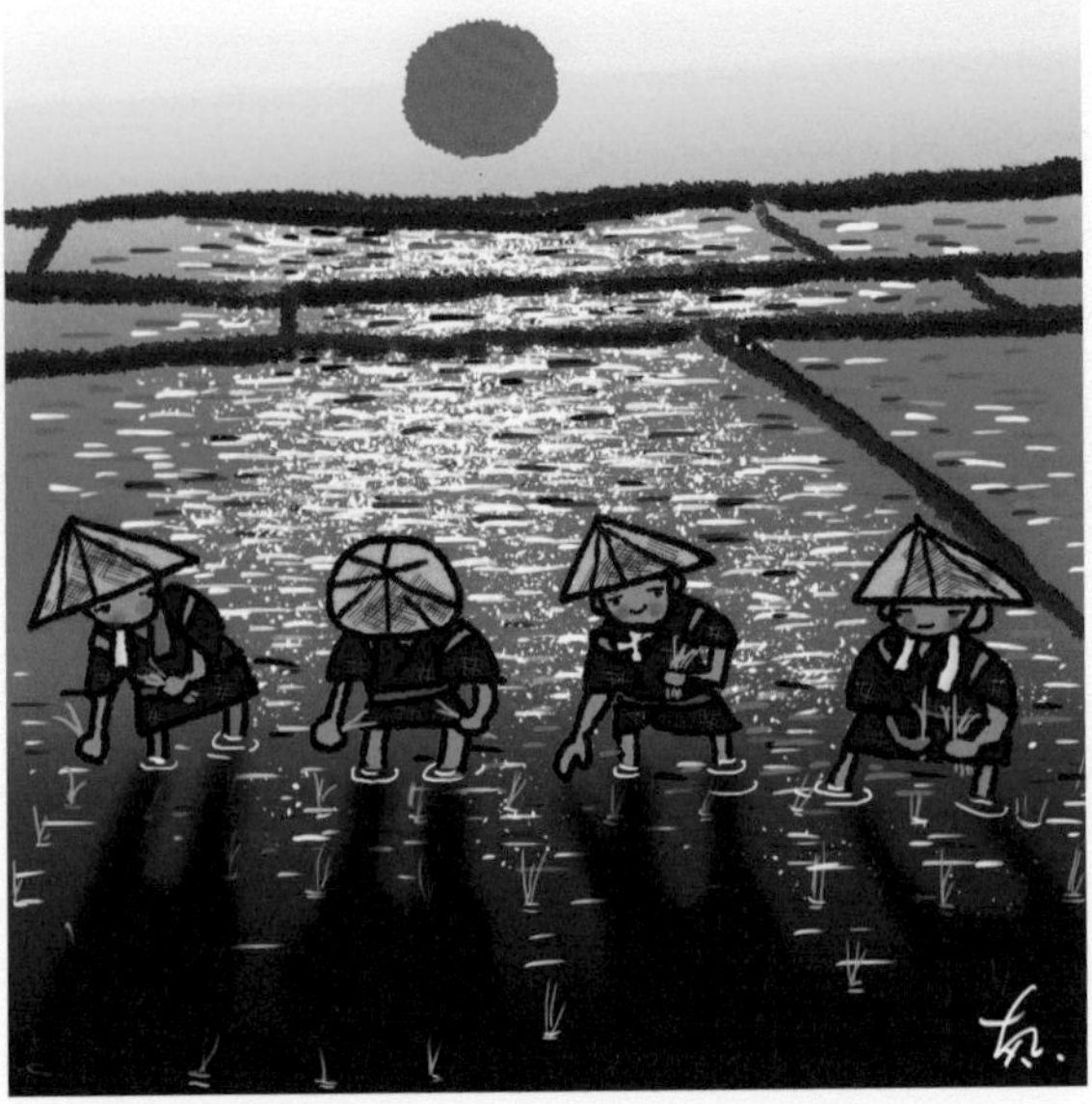

昔、鳥取に湖山長者という金持ちがいた。
長者の家の田植えです。
いつも世話になっている人たちが、集まってきました。田植えが始まりました。

〽あれやこれやで
この田もすんだ
どこのどなたも
ご苦労さん
ヤレ　ご苦労さん
どこのどなたも　ご苦労さん

みんな歌をうたいながら、田植えをしておりましたが、長者の田圃はたくさんなので、なかなか進みません。

「今日のうちに植えられるかなあ」。

お日さまは西の空に傾いてきました。長者はあわてて奥の方から扇子を持ってきて広げ、「太陽さま、どうぞわたしの家の田植えが終わるまで沈まないでください」何回もお願いしました。

すると半分ぐらいしか見えなかった太陽が、ずん、ずんと上の方に上がって来るではありませんか。上の空が明るくなってきました。「明るくなったぞ」。村の人たちは大喜びで田植えをしました。

翌日、早起きのお百姓が外に出て「昨日、田植えをした田圃はどうかなあ」と出てみると、昨日植えた田圃に、苗の緑が見えません。

村人たちも出てきました。

「ほんとにない」「どうしたんだろう」「昨日植えた稲が一本もないぞ」「長者さん、長者さん、起きてください。昨日植えた稲がありません」。

「バカな、そんなことがあるもんか」そう言って、長者は起きて見ました。

戸を開けて、自分の田圃を見ると、昨日田植えをした田圃が一面、池になっているではありませんか。

「こんなはずはない」

長者はあわてましたけども、昨日ゆっくり沈んでくれた太陽さんは、もう東の方に昇っていました。

「わたしが悪かった。もう沈もうとしている太陽さんを、無理に呼び返したから罰が当たったんだ。ああ、やっぱり無理なことをしてはいけないということだ。村のみなさん、すまなかったねえ」と長者はあやまったそうです。

それからずーっとその田圃は池になって、今、鳥取大学のすぐ前にある「湖山池」というのができたという話です。

解説

語り手の宮倉さんのお住まいが西伯郡南部町境なので西部の民話としたが、この伝説の舞台は、どなたもご承知の鳥取市湖山町に広がる湖山池であり、この伝説はあまりにも有名である。この話はお父上からお聞きになったと語り手の宮倉さんは話しておられた。宮倉さんは長年教育職に従事されていた方でもあり、現在、ほうき民話の会のメンバーである。そして実に見事な語りである。どなたもじっくり味わっていただきたい。

72　浦島太郎（西伯郡伯耆町溝口）

西部

語り手　遠藤たいさん（明治32年生まれ）
収録・昭和57年1月7日

浦島太郎が海辺へ魚釣りに出たら、子どもが大人数して亀をいじめておったそうです。浦島太郎が「その亀を自分に買わしてごしぇ」と言って、子どもからその亀を買って、そげして放してやったそうです。

そげしたら、明くる年だえら、三年目だぇに亀が来て、浦島太郎は釣りが好きなもんだけん、いつも海辺へそげしに行きとったら、その大きな亀が来て「子どもがたいへんお世話になって、ご恩返しに竜宮へ連れて行ってあげえ、わたしの背中へ乗ーなさい」「そうしたら竜宮いうところは知らんけん、乗せてもらって行くわ」。そいから乗せてもらって、竜宮へ連れて行って、毎日ごちそうを呼ばれたり、竜宮の乙姫さんが踊りや舞で、とってももてないてくれたので、「あんまり長いことよばれたで、踊りも見たりしてあきれたけん、もう帰らしてもらうけん」と言ったそうです。

「そうですか、ほんなら名残惜しいけど、帰るならこれを土産にして」と玉手箱を渡されて、「この玉手箱の蓋は開けるでない」て、姫さんが言われたそうです。

村へもどってみたところが自分の家はないし、友だちはおらんし、村はすっかり変わってしまって、知った人間は一人もおらんやになってしまって、それから、途方にくれて、もうどっちい行きても、もう知った人間はおらんし様子は変わってしまって、ぼやっとしちょって、「その玉手箱の蓋を開けるでない」って言われたことは忘れて、玉手箱の蓋ぁ開けたら、白い煙がぼーっと立ち上がってそうで、そげしたらもういっぺんに白髪のおじいさんになってしまって、そいでその浦島太郎は三百年ほど竜宮さんで、みんなにご馳走にあったり、踊り見たりしておったそうです。それでもう浦島太郎は「こげなおじいさんになったら、自分の一生はもうこれぎりだ」言われたそうでございます。

解説

遠藤さんの語りの分量が連載のスタイルに収まったので、ほぼ語られたまま文字化したものである。

関敬吾『日本昔話大成』では本格昔話「異郷」の「浦島太郎」として次のようになっている。

1、ある男が亀（魚）を助ける。亀に迎えられて海底に行く。2、海底の姫から宝物（万能薬・聴耳・長命になる玉手箱）をもらって帰る。3、(a)聴耳によって（病気の原因を知り）万能薬、殿様の病気を治して金をもらう。(b)玉手箱をあけると白髪の爺になる（海底に三日いたのが三百年を経過）。

三十年以上前のこと。突然訪問した筆者に対して、お宅の方も親切に対応してくださったことが思い出される。

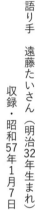

73 愚か婿とたくあん風呂（西伯郡伯耆町溝口）

語り手　遠藤たいさん（明治32年生まれ）
収録・昭和57年1月7日

ある佐治谷に人のいい男の若いもんが一人おりましただって。

そいから、こっちの家におじいさんやおばあさんのところに娘が一人おって、そいでその人のいい正直もんみたいなけん、それをまあ婿さんにもらわいいって、婿にそれが行きましたそうです。

そげしたら、人間のいいようなもんだけん、そいでけえ、言われた通りに何もする。それでご飯食べたときに、お茶飲みかけたら、お茶がえらい熱いで、そのおばあさんが「お茶の熱いときは漬けもんを一切れ入れて、箸でもって混ぜたらお茶が冷めぇけん、そげして飲め」って言われたら、そげして、そうしたら漬けもん入れて混ぜぇとお茶がぬるうなって、そうで飲んで喜んでおりましたところが、ある日「風呂に真っ先に入れ」って言われて、風呂に入ろうとしたら、風呂がちと熱かったそうで、何だかお宮だか何とかいうような名だったそうですが、その嫁さんの名を言って「漬けもん持ってきてごせ」言って大きな声がする。そうで「漬けもん何にする」「いや、漬けもん、はやはや持ってきてごせ」。

そうで漬けもんを持ってきたら、その漬けもんで風呂を混ぜて風呂に入る。

「こらまあ、なんぼ混ぜてもあかの、冷めんけんしかたがない。まあ縁《へり》でなとほんなら水汲んできて、ちいとわて埋めて入るけん」ちいで、嫁さんが水汲んできて、そげして風呂に入ったそうなていうような馬鹿話でございますけどなあ。

解説

実際は遠藤さんが語られたそのままを紹介したものである。

遠藤さんの話では、この話は文久三年(一八六三)生まれの父上から聞かれたもののことだった。

関敬吾『日本昔話大成』で調べると、笑話の「愚人譚」の中の「愚か聟(息子)」に「沢庵風呂」として登録され、全国に類話のある話であるが、当地方では佐治谷話の一つとして語られることが多い。

今回の「愚か婿とたくあん風呂」は、登録されている佐治谷話の中では「蟹のふんどし」の前半部分に該当している。

またこの話は古典落語として、多くの人びとから親しまれている演題でもある。

なお、この佐治谷話について詳細に述べられているものに平成二十六年に出された有本喜美男氏の労作『佐治谷話のルーツを探る』がある。

佐治谷話は、鳥取市無形民俗文化財に指定されており、七十八話が対象になっている。そして同市佐治町にある「さじ民話会」が保存継承の役割を担って活動している。行政が昔話を無形民俗文化財として認定しているのは、全国的に見ても佐治谷話だけである。このことは特筆に価すると言えよう。

74 桃太郎（西伯郡伯耆町溝口）

語り手　遠藤たいさん（明治32年生まれ）
収録・昭和57年1月7日

昔、おじいさんとおばあさんがいて、おじいさんは山へ柴刈りに、おばあさんは川へ洗濯に行かれた。

洗濯していたら大きな桃が流れてきたので、拾って持っていんだ。おじいさんは柴刈りからもどって来た。

「今日はこげな大きな桃が流れてきたが、食べてみましょう」と包丁で割ろうとしたら、割れたそうです。男の子がそこへ出ました。

「食べるどころの話だない。自分らちに子がないもんだけん、天の授かりもんかも知らん。桃から生まれたけん、桃太郎にしょう」。

桃太郎が三年経ち五年経ち大きんなって、おじいさんやおばあさんに「鬼が島にかたき討ちに行くけん、キミ団子をこしらえてくれ」て頼んだそうです。

そのキミ団子をもらったり、おじいさんは日本一て旗をこしらえてやり、山の方へ行くよったら

西部

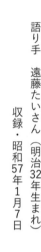

「桃太郎さん、その腰のもんは何ですか」言って「これは日本一のキミ団子」「わたしにも一つ、くださいな」「やることぁやるが、鬼が島へかたき討ちに行かあと思う」言って、猿が一つキミ団子もらって食べてついて行く。そうするとまた雉が出てきたそうです。そいからもらって、雉もついて行くし、そうしよったら、犬が向こうの方から跳んで来てキミ団子もらって食べてついて行く。

そいで雉が「どこから鬼が島へ行くのが一番いいか、自分が空から見てくうけん」言って、空へ飛び立つし、そうから、猿はもう山へ慣れて木に慣れていることだしして、みんなして鬼が島へ渡るところを見つけて、渡って、鬼は赤鬼やら青鬼やらいっぱいおって、しばらく雉は空から降りてつつくやら、犬は噛みかかるやらするものだやら、そいで猿は木の上から木の枝を折って投げたり、木の上から、鬼の頭へ跳んだりして跳ね回って、鬼はとうとう負けて降参して、「この宝物をみんなあんた方にあげえけん、自分も家来にしてごしぇ、そうでもう悪いことはせんけん」て断わりするので、桃太郎が「桃太郎の言うようにしさえすりゃあ、こらえてやあけん」いいことになった。

それで、その宝物をいっぱい車に積んで、犬は真っ先に引き出す。猿が後押すやら、雉がそのずんどの犬の鼻へ綱つけて引っ張るやらして、宝物を積んでもどって、村の人にも分けてあげて、みんな平和にどこも暮らすようになった。それでこの昔話はこっぽし。

解説

文久三年(一八六三)生まれの父から聞いた話だという。

桃太郎がいきなり「鬼が島にかたき討ちに行くけん」と言っているが、暗黙のうちに、鬼が人びとを苦しめていたことが了解されているのであろう。語りの内容は既に知られている一般型であり、このような内容になったのは、かなり以前からであったことが、理解されてくるのである。

75 退休寺の化け物（西伯郡大山町前）

西部

語り手　片桐利喜さん（明治30年生まれ）
収録・昭和61年8月4日

なんとなんと昔。退休寺に化物が出て、みんな、「何だらか」「何だらか」てって、夜さになあと、三人来て踊るのだって寺で。

「生臭坊主を取って噛もう」てって、一人は踊うし、「トッテンコボシはうちんかや」てって、一人は踊るし、そうかあ一人は、「秋風吹けば、実はさんてんポロン」て三人とも世話ぁやいて踊っちょいて。

そうから、また、踊っちょいて、いのうだって。

そうから、

「何だらぁか。あげに、ま、ほんに毎夜さ毎夜さ来て踊うだが」てって、調べてみなはったとこうめが、

「生臭坊主を取って噛もう」てえのは、鶏の古いのが化けて出る。そうから、その「トッテンコボシはうちんかや」て言うのは、一つは椿の横槌が千年すれば化けえだてって。

そうから、一つは山芋のムカンゴが秋風、吹きゃ

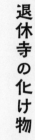

あ落ちますけんなあ、そで「秋風吹けば、実はさんてんポロン」て山芋の古いのと横槌の、古いのと、鶏の古いのと、け、三人、そげしちょって毎夜さ化けちょって踊りょっただ。

　そげして調べて見たらそげな正体だった。

　その昔こんぽちゴンボの葉。

解説

　この話は本格昔話の「愚かな動物」の中にある「化け物問答」の断片が伝説化したものだと思われる。また退休寺というのは、大山町退休寺にある曹洞宗の名刹である。本尊は聖観世音菩薩で、寺は十四世紀に建てられているのである。

　ここらで関敬吾『日本昔話大成』から、「化物問答」の戸籍を挙げておくことにする。

　1、旅人が古屋に泊まると、化け物が出てきて謎言葉《なぞ》（北山の白狐・南池の鯉魚《りぎょ》・東谷の三足の馬・西竹林の一足の鶏など）というのをいいあてる。以後、化け物は出なくなる。

　この「退休寺の化け物」では、登場するものが、まずトッテンコボシなる椿で作られた横槌であるが、類話の中に椿で作られた槌が妖怪化したと語られていることに注目したい。もう一つは山芋の古いものが妖怪化したもの。最後が鶏の妖怪化したものであり、この方は戸籍にある「西竹林の一足の鶏」の系列に属していることが推定できる。

　そのようなところを勘案しながら、片桐さんの語るこの話を考えてみると、昔話「化物問答」が、この地に根を下ろして、伝説に変わったものであり。その筋書きも基本形が変形していったものであると思われる。

　断片でない東伯郡三朝町吉尾での話は、本書の一一八〜一一九ページに掲載しているので確認いただきたい。

76 瓜姫（西伯郡大山町高橋）

西部

語り手　片桐利喜さん（明治30年生まれ）
収録・昭和61年8月5日

　昔、じいさんとばばさんといた。じいさんは山に行き、ばばさんは川で洗濯していたら、瓜が流れてきたので持って帰り斗櫃《とびつ》（上蓋のある大きな箱、一斗入り）に入れておいた。

　じいさんがもどった。「今日は瓜がああけん」て斗櫃を開けてみたら、かわいげな女房の子が出てきた。

「瓜だったに女房の子が出てきた。うちの子にせんならん。瓜姫と名につけよう」

　そうから、かわいがって育てておった。

　十五、六になって機《はた》織りするようになった。

「畑に行きてくうけん、この機織れ。アマンジャク（天邪鬼＝悪者の鬼）が来ても、戸を開けんなや」とように言っちょいた。

　瓜姫さんが戸をたっちょって、機織らはあにアマンジャクが来て「ちょっこり開けてごしなはい」と言いだども「開けんな、て言わはったけん開けられん」て言ったって聞かんだけん、「手の入あほど開けてごしなはい」てって言いだ。

そか「手の入あほど……なら、そうほどよか開けんど」と開けっさったら、ダーッと入って来て、瓜姫さんを裸にして、瓜姫さんの着物をわが着て、そげして瓜姫さんは柿の木のテンパ（てっぺん）につり上げてしまった。

そげしちょったら、じいさんやばばさんがもどってきて「瓜姫がおらん」なんてことで。アマンジャクが「瓜姫さんは木のテンパ。アマンジャクはここにおる」てって、瓜姫の着物着ちょった。

そうから、がいに怒ってじいさんがアマンジャク、三つに切って、ソバとカヤとキビの根に埋めっさっただって。そで、根の方がそのアマンジャクの血で赤いのだって。

その昔こっぽしゴンボの葉。

解説

誕生が男の子の場合は、おばあさんが川で拾った桃であり、桃太郎が定番だが、女の子の場合は瓜姫である。

関敬吾『日本昔話大成』では本格昔話「誕生」に「瓜子織姫」として登録されている話がそれであり、次のように紹介されている。

1、子のない老夫婦。川上から流れて来た瓜の中から生まれた娘を子供として育てる。2、両親の留守中（嫁入り仕度）天の邪鬼が家に侵入し、(a)姫を殺して自ら姫になる。(b)姫を誘い出して木に縛りつける。3、天の邪鬼、偽の花嫁として嫁入りする。途中で(a)小鳥（姫が化した）が花嫁は天の邪鬼であると鳴いて知らせる。(b)木に縛りつけられた姫が花嫁は天の邪鬼であることを告げる。4、偽の花嫁は(a)追放される。(b)両足を牛と馬に結わえつけて股裂きにする。

片桐さんの話ではアマンジャクが瓜姫の居場所を白状するなど、一部混乱が見られるが、これも伝承の地方色の一つであろう。

77 キジとトビとサギの歌比べ（西伯郡大山町高橋）

西部

語り手　片桐利喜さん（明治30年生まれ）
収録・昭和61年9月23日

キジが「何ぞがああへんだらか」と山を歩き回って食べ物を探していたら、トビもトビでそのあたりを探していました。

二羽は出会い話していると、下の方から音がするので、だれかと思ったら、サギが出てきて、「ええところで出会ったけん、物を言いやぁこすりゃあ、銭がいるけん、歌うたいやこしょいや」と誘ったそうです。

そして三羽は賛成しました。

「キジさん、先にうたえ」「トビさんこそ先にうたえ」「いや、サギさんが先にうたえ」とだれもが先にうたいません。しびれを切らしたキジが「おらが一番先ぃうたぁわ」と言い、「ケーン　ケーン　ボトボトーッ」といい声でうたったそうです。トビはトビで「ピーン　ヨロヨロヨロローッ」とうたいました。最後にサギは「ギョーッ　ギョーッ」とうたいました。それから、トビは「おらが上手だ」と言います。キジは「いや、おらが上手だ」

と言います。もちろんサギも「おらが一番上手だ」と言います。

そのころ、狐が庄屋でした。「今夜、庄屋さんに聞いて判断してもらわや」ということになりました。

キジやトビは夕飯を食べに帰りましたが、サギはドジョウをたくさん捕って、庄屋さんのところへ持って行き「これあげえけん、ええ具合いにしてごしなはい」と頼んで帰ったので集まる約束の時間に遅れました。そのうち、サギもやって来ました。

三羽は連れだって庄屋さんに行きました。庄屋さんの前でうたうことになりました。狐の庄屋さんが「だれからでもうたえ」と言いますと、「さっきはキジが一番先ぃうたっただけん、キジさん先にうたわはい」となりました。キジは張り切って、「ケーン　ケーン　ボトボトーッ」とうたい、次にトビも元気に「ピーン　ヨロヨロヨローッ」とうたいます。サギも「ギョーッ　ギョーッ」とうたいました。

狐の庄屋さんは、

「キジも先のケーン　ケーンはえらいいいだども、後のボトボトが悪ぁし、トビさんはピーンはえらいいいども、後のヨロヨロが悪い。サギさんでみりゃ、ギョーッ　ギョーッだけで、ヨロヨロもなし、ボトボトもなし、こうが一番よから」とのことでした。

とうとう、サギが一等になったということです。

その昔こっぽり。

解説

キジとトビに勝ったサギが、庄屋である狐をこっそり買収している。そこからサギは詐欺の言葉に掛けられていることが分かる。つまり、言葉遊びのユーモアがこの話の背景に込められているのである。

この話は稲田浩二『日本昔話通観』(同朋舎)に掲載されていない単独伝承の話である。片桐さんの語りが実に軽妙で面白い。鳥取県立博物館のホームページから音声でぜひお聴きいただきたい。

78 狐女房（西伯郡大山町高橋）

語り手　片桐利喜さん（明治30年生まれ）
収録・昭和61年8月3日

安倍保名《あべのやすな》という鉄砲撃ち（猟師）がいた。狐がよい女に化けて「かかにしてごしない。飯炊きでも何でもします」「よから」と女に嫁になってもらったら、とてもよく世話やく嫁さんで、保名も喜んでおったら、男の子が生まれたので『童子』という名につけ「童子や、童子や」とかわいがっていたら、その子が三つになった。

　お母さんは春になったらチョウチョやトンボやなんや取って食べたくなってしまったのだって。「この面《つら》を童子に見せちゃあならんけえ、はや、出んならん」と、

『恋しくば尋ねてござれよ信太《しのぶ》の森に　わたしゃ信太の森狐』

と書いておいて、山の尾根へ飛んでしまった。

　安倍保名が仕事を終えて家へもどってみたら、子どもが一人で泣いているので「母さんはどげだ、どげだ」と言ったって返事はないし、それから見てみたら書いたものがある。「ああ、これはまあ、

わしの嫁は狐だったすこだわい」と思って、それから、男は書いてあった信太が森に行って「童子が母！　童子が母！」と呼んでいた。狐がよい女になって出て来て「黙ちょってすまんことをした」と言いながら、黒い継ぎ（布ぎれ）で包んだものと白い継ぎで包んだものと二つ出してきた。

「白い継ぎは乳だけえ、ほええと（泣くと）これ飲ましてごしなはい。そげすりゃほええのが止むし、そうから、黒い方は大きんなって上方《かみがた》（現在の関西方面）の方にでもあがりゃあ、これ持たしてごしなはい。こりゃカラスの聴き耳ていうもんで、何でもよう分かるもんだけん」と渡したのだって。

それを持って帰って「もう一回、見しちゃらかい。こうが見納めだけん」と行ったけれど「思い切りがつかんけん」と狐になって出て来た。

「きょうと（恐ろしい）や、きょうとや、もはや二度と出会われんで」。安倍保名は二度と信太の森にはもはや行かなかったって。

子どもは大きくなり「おらは上方《かみがた》へ上があけん」と言うので安倍保名は、もらったカラスの聴き耳を持たして上がらしたのだって。

そうしたら、その子は八卦見《はっけみ》（辻占い）になって、とても繁盛したのだったって。その昔こっぽり。

解説

近世初頭には仮名草子や浄瑠璃で知られた物語である。陰陽師安倍晴明の母が狐であったという話である。

山陰各地でもこの物語は、断片的な形ではあるが聞くことがある。元の話は伝説「信太狐」であり、大阪府和泉市王子町がその舞台となったと語られている。そしてここでの話でも、子どもに狐であることを知られ「恋しくば　尋ね来てみよ　和泉なる　信太の森の　うらみ葛の葉」の短歌を残して、森へ去っていくことになっている。これについては現地の『和泉市史』第一巻に詳しい。

79 狐の敵討ち（西伯郡大山町高橋）

語り手　片桐利喜さん（明治30年生まれ）
収録・昭和61年8月4日

西部

昔、法印さん（本来は最高位の僧正をいうが、語り手の気持ちとしては山伏のことと思われる）が、坊領《ぼうりょう》の浦島という宿屋に泊まっていました。宿の人に、「明日は大山へ上があけん、弁当作ってごしなはい」と休んだので、宿では早く弁当を作ってあげました。

法印さんは朝早く大山へ上がろうと思って、弁当をもらって鑪《たたら》戸《ど》まで上がりかけたら、そこに狐が寝ていました。

「おびらかいちゃらい（びっくりさせてやろう）」と法印さんは、よく寝ている狐のそばへ行ってホラ貝を吹いたら、狐はとてもたまげてしまって跳び上がって逃げ去ってしまいました。

「狐を驚かしてやったわい」と法印さんは、一人でおもしろがりながらどんどん山道を上がりかけて行ったら、あたりが暗くなってしまったのだって。

「あら、昼間のはずだが。坊領からここまで来うに夜さにならにゃええが、まあ、何てことだらかい」と暗目で、それでも上がりかけているとお堂があったのだって。

「こぎゃんとこに堂がああわい。ほんに、ここへ入ってタバコしちょうだ（休憩している）わい」。こう思って入ったところ、なんとその中に化物がいるではありませんか。

「きょうとい（恐ろしい）ことだわい。なんだい化物が出た。はや、屋根に上がらんならん」。

法印さんは急いで屋根に上がり、どんどん上へ上へ行きますと、化物も、

「わが（おまえが）上がったちゃあ、おらも上があわあ」といってついて来ます。

「しかたがにゃ。こら、ま、今夜はここで、おらは化物に噛《か》まれえだわい」と法印さんは思って、その堂の一番上の屋根裏まで上がって、ネキ（近く）につかまって、

「ホラ貝の吹き納めだけん。もう一回ホラ貝を吹いてみょうかい」。

こう思って、一生懸命ホラ貝を吹いたところ、なんと、あたりが明るくなったのだって。

法印さんが見回してみますと、堂など何もありません。そして、自分は松の木のてっぺんの一番上の方まで上がって、木にしがみついていたのだったたって。

実は驚かされた狐が腹を立てて、その法印さんを化かしていたのだって。

その昔のこんぽち。

解説

この話はれっきとした実在の地名や寺の名前が出てくるので昔話が伝説化したものである。

また語ってくださった片桐さんはみごとな雲伯方言の持ち主だった。

この話は稲田浩二『日本昔話通観』の分類によると、笑話の「愚か者」の中の「法印と狐―葬列型」としてその戸籍がある。

それにしても、聴く者をはらはらさせながら、最後に置かれたどんでん返しのおもしろさが、この話のポイントになっているのである。

80 小僧の作戦（西伯郡大山町高橋）

西部

語り手　片桐利喜さん（明治30年生まれ）
収録・昭和61年3月3日

昔あるところにお寺かあって、おっさんと小僧さんと二人ござっただと。そうで、そのおっさんのところにお花さんていう女房《にょうば》が毎日通って来ましたって。

そうでその小僧が、そうが気分が悪くて、どげぞして止めさせませんならんがと思っておったら。そげしたらその小僧は、「いっさい」て名だった。で、

「人がおっさん『一切万端、何にもしぇ』て言ってどまかいていけんけん、名変えてつかわはらんか」

「おう、変えちゃあで。何ていう名にすうがいいだか」

「『くさい』て名にしてごしなはい」

「ほんなら、こうから『くさい』て名につけちゃあわ」て。

そうから、毎日、お花さんが通って来なはあで、

「お花さん、おっさんが『お花は、えだども、きゃ、

尻が臭あてきゃ、ああで好かんわい』てって言いなはって」。そうから、こんどは、「おっさんは、えらいえだども鼻がみたんなていけん」て言わはっただって。

「こんど、お花さんが来なはりゃ、こげして鼻隠いちょうなはいよ」て、小僧が、おっさんに言って聞かしましただって。

「そげしたら、ほんならそげすうかいなあ」てって言っておったとこめが、また、やってござっただけん、そうから、

「くさいや、お花にお茶を出いてごしぇ」て言いなはっただって。

—あら、ほんに。尻が臭あ、臭あてていいなはりょったてえが、ほんに、あげして鼻を押さえておおなはあが、ほんに臭いすこで、まあ、こりゃ行かれんなあ、て帰って。おっさんはおっさんで、「鼻がみともにゃ言って、お花が言ったてえけえ、鼻隠いちょらにゃいけん」て、鼻こげしちょなはっただって。そうで、お花はお花で「尻が臭いすこだけん行かれんわ」てって。そうからけ、お花さんがござらんやになっただって。

そうで、そげな頓智がよう出たことだわいなあ、小僧さんが。その昔こっぽち。

解説

関敬吾『日本昔話大成』の話型によれば笑話の「巧智譚」にある「和尚と小僧」の中の「鼻が大きい」とされている話がこれに当てはまり、次のように紹介されている。

小僧が女には和尚が口が大きいと、和尚には女が鼻が大きいといったと告げる。二人が会ったときに女は口を、和尚は鼻をおさえる。

同類は以前東伯郡三朝町大谷の山口忠光さん(明治40年生まれ)からもうかがっており、「和尚を戒める」(八四〜八五ページ)でも紹介している。

鳥取県立博物館のホームページの音声で山口さんの軽妙な語りと片桐さんの豊かな西部方言とを聴き比べていただきたい。

81
三人の娘の婿（西伯郡大山町高橋）

西部

語り手　片桐利喜さん（明治30年生まれ）
収録・昭和58年7月17日

昔、娘が三人いました。

一番上の娘は「法印さんの嫁になる」と言っていた。しかし、お父さんやお母さんは「法印さんがもらってごしなはらにゃ行かれん」と言っていたら、法印さんが娘さんを嫁にもらいに来られたので、法印さんの嫁になって行きました。

また、二番目の娘は「神主さんの嫁に行きたい」と言っていたら、神主さんがもらいに来られて、嫁になって行きました。

一番下の娘さんは「百姓家に好いちょうけん、百姓家へ嫁に行く」と言っていたら、そのうち百姓家にもらわれて行かれました。

祭りが来て、婿さんたちが呼ばれに（招待されて）来ました。

上二人の婿さんである法印さんや神主さんは、ともに気さくで、歌ったり踊ったりされるのに、いつまでたっても百姓家の婿さんは黙ったままです。姑さんが気が気でないもので「こんた（貴方）、

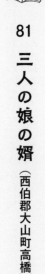

なんなと芸しっさいな」と言ったところ、その婿さんは「かかさん、手拭とトーシと出いてごしなはい」と言ったそうです。トーシとは穀物をふるい分ける道具のことです。

姑さんが、トーシと手拭と出してやりました。三番目の婿さんは尻からげをして、トーシをおろすまねをしながら、大きな声でこううたったそうです。

一番ドーシのその下は
おん殿さんにさしあげる
二番ドーシのその下は
われわれなんどの飯糧《はんりょう》だ
三番ドーシのその下は
神主、法印にやる米だ
アー　ソーリャ　ソリャ
ソーリャー　ソリャー

そうしたところが、神主さんや法印さんも、完全に参って、シブシブ逃げて行かれたので、一番下の娘さんの婿さんが一番に勝たれたそうですと。

その昔こんぽち、ごんぼの葉、あえて噛んだら苦かった。

解説

昔話ではよく三人娘とか三人兄弟とかが出てくる。そして末っ子が中心となっている。「蛇婿入り」や「猿婿入り」の昔話で登場するのは、三人娘であり、蛇とか猿の嫁を承知するのは末娘に決まっている。そしてそこから話が本格的に展開する。

このように使われる三という数字は民間信仰上、聖なる数と考えられていた。この「三人娘の婿」の場合も同様である。

末娘の婿は普通の農夫である。社会的に対照的な両極にある立場を提示した後、話は進み、祭りで実家に招待された三人の婿の描写がおもしろい。歌にこめられた農夫の心意気は、同時に昔話を愛した多くの庶民のそれでもある。人々は、このようにして農夫に自分の姿を投影させて、その勝利に喝采を送っていたのである。

82 身代の上がる話（西伯郡大山町高橋）

西部

語り手　片桐利喜さん（明治30年生まれ）
収録・昭和58年7月17日

昔、じいさんとばあさんとがおられた。隣りのじいさんやばあさんは、たいそう怠け者だったって。

あるとき、じいさんは「草刈りに行こうかい」と鎌を研《と》いでおられたけれど、井戸の縁《へり》でポチャーンと音がしたものだから、ばあさんが、「じいさんは井戸に落ちさったすこだ」と井戸をのぞいて見られたら、やっぱりじいさんが井戸に落ちていたって。

じいさんが、「ばばや、おら、井戸に落ちたけん、縄取ってごしぇ」と言うので、ばあさんが縄を取ってあげたら、じいさんは自分の腰に縄を結《い》わえつけて、「身代が上があわいのう」と言いながら上がってくる。ばあさんも一生懸命にじいさんを引っ張りあげる。「身代が上がったわいのう」と言われたら、なんと体中に、小判がいっぱいひっついていたそうな。

隣回りの子どもたちにその小判を取ってもらっ

て、喜んでおられたって。

そうしたところ、隣のじいさんやばあさんが、それを真似しようとした。

「隣のじいさんががんじょうなだけん、朝ま疾《と》うから草刈りい行くてて、井戸に落ちて、銭ががいについて上がったてえだが、このじいさんは横着なだけん、寝てばーっかりござーだけん」とばあさんが怒られるものだから、じいさんも真似をして「おらも草刈りい行かかい」と草刈り鎌を研いで行ったら、井戸へ落ちられたって。「はや、井戸に落ちたから縄取ってごしぇ」とばあさんに言う。

それから、縄を取ってもらい、じいさんは自分の首に結わえつけただって。

ばあさんが、「身代が上があわいのう。身代が上があわいのう」と言いながら引っぱりあげておられたけれども、「上がったわいのう」と言われるまでに息が切れてしまっただって。

それで、「人真似なんかはするものではないぞ」と聞かせされていました。

その昔こんぱち、ごんぼの葉、煮えて噛んだら苦かった。

解説

この話が典型的な日本昔話に属しているとお気づきになられるはずである。それは有名な「花咲か爺」とか「猿地蔵」「ネズミ浄土」などの話でおなじみの、貧乏で親切な善人である主人公のおじいさんは確実に成功して幸せになるのに対して、隣のおじいさんは、これまた必ず失敗して、不幸な結末を迎えることに決まっていることから理解できる。

このようにこの話も本格昔話の「隣人型」になるこれらの話の法則に、ぴったり当てはまるから、日本昔話の仲間と認定してまったく不思議はないのである。

ところで、不思議なことにこの話は関敬吾『日本昔話大成』を見ても、どこにもその戸籍が見つからない点である。

つまり、新話型ということができる珍しい話なのである。

83 鶴の恩返し（西伯郡大山町高橋）

西部

語り手　片桐利喜さん（明治30年生まれ）
収録・昭和61年8月4日

昔、ばあさんが綿を引いて、二反ずつ木綿《もめん》をこしらえ、じいさんが淀江に持って行って売り、一反分で米を買って一反分は綿を買って暮らしていた。

ある日、じいさんは買いに行かれたところ、晩《ばん》田《だ》の堤《つつみ》のそばの罠《わな》に、鳥がかかってもがいている。「おら、木綿負っちょうから、この木綿一反掛けとけば、罠掛けた者も喜ぶし、鳥も喜ぶ」。

そのようにしたら、喜んで鳥が発って行った。じいさんは、米だけ買って帰り話したら「ええことしちゃりはった」とおばあさんも言っておられた。

二人が夕飯を食べていたら、女の人が入って来た。「道に迷って暗んなっていのるとこが分からんが、今夜、泊めてごしなはらんか」と言う。「なんぼなと泊まらはいだども、家には、米だし何だしあれへんだが」「米は持っちょうます。鍋一つ、貸してごしなはい」と、紙袋から米を出しご飯を炊いて「お二人とも食いなはい」とご飯を二人にも食べさしました。「久しぶりで米の飯、食った」と二人は喜びました。

　明くる朝、ひどい雨なので、女の人は、「二、三日、宿してつかわはらんか」「なんぼでも泊まらはってもいいでよ」とおじいさんやおばあさんも言いました。女の人は、「表（座敷）を、ひとつ貸してつかあはい。二日、三日、戸だい何だい開けずとおってごしなはい」と表の間に入りました。「何すうだらか」と戸の節穴からのぞいたら、鳥が毛を抜いて機を織っていた。「罠に掛かっちょった鳥だ」とじいさんは言った。

　女の人は三日目にできあがった木綿を持って出て来て「これ、木綿買いさんとこで売って来てごしなはい」と、そのまま鳥になって発って行ってしまった。

　じいさんは淀江の木綿買いさんのところへ行ったら「わが手に合わぬ。松江の殿さんとこに持って行きてみい。ええ値段で買ってもらわれえ」と言われたので、松江の殿さんのところへ持って行ったら、殿さんは「これは鶴の羽衣だ。これがほしかったに、持って来うもんがないだけん、買あやがなかった」とたくさんお金をくださった。

　二人は休んでいても食べられるようになって、後でとて喜びなさったそうな。

　その昔、こんぽち。

解説

　おなじみの「鶴の恩返し」の伯耆型の昔話である。

　そしてこれは親切で欲のない老夫婦の善意が、思いがけなくも幸運を呼び込むという結果になっている。淀江や松江とか晩田の堤とかの地名が出ているのもおもしろい。これは昔話が伝説化しているのである。

　関敬吾の『日本昔話大成』では本格昔話の「婚姻・異類女房」の中に「鶴女房」として位置を占めているのである。

84 似せ本尊②（西伯郡大山町高橋）

語り手　片桐利喜さん（明治30年生まれ）
収録・昭和61年8月3日

西部

昔、お寺があって、スイトンという名の和尚さんと小僧さんがおった。

毎朝、何かが来て、「スイトン」。

こう声をかけるので、「はい」と小僧が戸を開けると何にもいないし、「不思議だ」と思っておった。

月の明るい夜。

「今日は何だか見届けちゃあけん、長屋に隠れちょうます」と小僧は物陰に隠れていた。

そうすると、大きな狐が、やって来て、尻尾で戸を、すいーとなぜ、頭をコトーンと当てれば、「スイトーン」と言う。「おっさん、狐だと思いなはい。今夜は退治ちゃあだけん。どっこも灯をとぼすやに蝋燭立って、明かんなあやにしなはい。そおが来うと戸を開けちゃあら狐が中へ入ぁあけん」と待っていたって。

その狐が「スイトーン、スイトーン」と言う。

小僧さんがガーッと戸を開けたら、狐がうろたえて、飛び込んだのだって。小僧さんは「おっさん、灯をとぼしなはい」と和尚さんに言って、和尚さんはみんな灯をとぼし、どこも尋ねてみるけれど、狐はいない。

「たしか入っちょうがなー」と本堂へ行ってみたら、一人おられるはずなのにホゾン（本尊）さんが二人おられるのだって。

「隣のホゾンさんが遊びに来ちょうなはあ」

「こりゃ結構なことだわい」「うちのホゾンさんは、『いんやいんやしなはい』て言や、いんやいんやしなはる。『合点合点しなはい』て言や、合点合点しなはりょったてなあ」と小僧が言った。それから、「ホゾンさん、合点合点してみなはいな」て言ったら、一人のホゾンさんが合点合点しなさる。「いんやいんやしてみなはいな」って言ったら、またそうしなさる。本当のホゾンさんはそんなことはされないけれど、狐が化けているのだからねえ。

それから、狐を捕まえて火あぶりにするとかいうたいへんな騒動だったそうな。

そうしたら、「悪ことしたけんこらえてごしぇ。もう悪いことすうやなことはないけん」とその狐が、一生懸命に謝って頼んだのでやっと、

「そいなら、もうこの周りにおらんにゃあこらえちゃあが、上方《かみかた》の方へ上がぁか。」と言ったら、狐も、「上方の方へ上がぁけえ、こらえてごしぇ」と言うので。それで、やっと狐はこらえてもらったと。

それからはそのような化けものが出ないようになったって。

その昔こっぽし。

解説

一一六〜一一七ページの三朝町の別所菊子さんの同名の話では、馬方の庄兵衛が主人公であったが、この大山町の話は、寺の小僧さんの頓智で狐を懲らしめる話になっている。

話はどなたもご存じであろう。内容的には多彩で狐が殺される場合もあるが、ここではその土地を去ることで許してもらうという、やさしい語りで収まっているのである。

85 灰坊（西伯郡大山町高橋）

語り手　片桐利喜さん（明治30年生まれ）
収録・昭和61年8月5日

昔、朝日長者があった。多くの奉公人と若さんが一人あった。
旦那さんもかみさんも亡くなってしまい、若さん一人遠いところまで行かれたら、入日長者という長者があったから「使ってもらわい」と灰坊（「釜炊き」の蔑称）の名で、みんなにかわいがられていた。春山に草が出来たら草刈りに行って、人が六把刈り終えると、自分もちゃんと六把刈り終えて帰るのだって。
秋祭りには、遷宮《せんぐう》（ここでは「遷座」、「宮移し」のこと）がある。みんな旦那さんに賃金を前借りして遷宮ご（遷宮見物用の衣装）買うのに「わあも買え」と手代が言ったって「わしゃ参らんけん」とどうしたって買わない。遷宮にみんなが着飾って参りなさる。
長者の家にお嬢さんが一人あった。お嬢さんは具合が悪く、氏神さんに参りなさらなかったのだって。

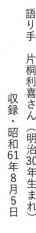

みんな参られた後から、灰坊も、「おらも参らかい」と湯に行って、きれいに月代《さかやき》（前額部）をそって髪を結ったところを、お嬢さんが覗いて見られたら、きれいな若衆だって。「わが婿にしたらよから」とお嬢さんが思ったらよけいに具合が悪くなってしまったそうな。

灰坊はそれから馬に乗って参ったら、いい若衆でみんなびっくりした。

お嬢さんは「今ごろもどうやなころだが」とちゃーんと見ておられたら、本当に門を入るときには後光が射すようないい男だったたって。

それから嬢さんがよけいに悪くなって旦那さんやかみさんが困っておられるのだって。

そのとき、八卦見が通ったので、診てもらったら、「この家の中にわが婿にしたらよからにと思いなはあ衆があって、そぉでよけい具合が悪いだけえ、そのものを婿にしなはりゃ治ります。ようにこっさえさせ（着飾らせ）まして、手代も男衆もみんなここに座らして、嬢さんに銚子杯を持たして杯差しなはった者を婿さんにしなはりゃ治うます」と言ったのだって。

そうしたら、お嬢さんはなんぼしたって、杯を差されないのだって。「まんだ灰坊がおらんがな、あれを呼んでみよう」それからに手代が灰坊を呼びに行った。「おらがようなものが行きたっていけましぇん」と言って、どうしても「上がらん」と言うのを、やっとのことで引っ張りあげた。そうしたら、お嬢さんはすーっと表の奥から銚子持って杯持って出て、その灰坊に差しなさった。

それで嬢さんの具合の悪いのが治って、その家はとてもよく繁盛したのだって。その昔こっぽちゴンボの葉。

解説

この話は関敬吾『日本昔話大成』で見ると、本格昔話の「継子譚」の中に「灰坊」として登録されているものである。私たちがグリム童話で知っているシンデレラ物語の日本版とでも言える話であり、主人公が男女入れかわっているのである。

86 花咲爺（西伯郡大山町高橋）

西部

語り手　片桐利喜さん（明治30年生まれ）
収録・昭和61年8月3日

昔、貧乏な貧乏なじいさんとばあさんとがあった。

じいさんが山の方へ行きかけたら、たくさん男の子が犬ころを、なぶり殺しにするようだから、銭を出して犬ころを連れて帰った。

犬ころが走って出たので、じいさんが高いところに登って、「赤、カーカッカッカー」と言われたら、犬ころは二銭《せん》や一銭の真っ赤な銭を、「白、カーカッカッカー」では五十銭や二十銭などたくさんに持ってもどって来た。

隣にも貧乏なじいさんやばあさんが住んでおり、その犬を借りて、「赤、カーカッカッカー」と言ったら、赤土を、「白、カーカッカッカー」と言ったら白土をくわえて来たので、腹立ちのあまりその犬ころをたたき殺したって。

じいさんやばあさんは、元の山の栗の木の下にその犬ころを埋めて、毎朝毎晩、参りなさるのだって。今度、「赤、カーカッカッカー」と言われたら、栗の木からいつも銭が落ちる。隣の意地悪じいさんがその栗の木の下で真似をすると、栗のいががキンカ頭に落ちる。そのじいさんはまた、胸糞悪がって、その栗の木、伐ってしまわれたのだって。

前のじいさんとばあさんは「つき臼なとこしらええ」と倒れた栗の木からつき臼をこしらえ、一升の餅米をつけば二升になる。五合つけば一升になる。どうしたことか、餅が倍々になる。

その話を聞いて、隣のじいさんやばあさんが真似すると、餅米を一升蒸したら、五合ほどになってしまった。だから胸糞悪がって、その臼をたき割り割り木にしてしまったのだって。

前のじいさんとばあさんは、焚かれた臼の灰を取っておいて、往還の日（参勤交替の行列が通る日のこと）にその灰を持って出て、道路のへりに立っていた。

殿さんがお通りになったとき、じいさんはざるに灰を入れ「花咲かじじい」と言っていたら、殿さんが、

「おもしろいことを言うが、一つ花を咲かしてみい」と言われたので、じいさんが灰をまいたら、あたりの枯木にみごとな花が、いっぱい咲いたのだって。ほうびにじいさんは、とてもたくさんな銭《ぜに》を殿さんからもらって帰ったのだって。

また話を聞いた隣の意地悪じいさんが、真似をしたら今度は、花も何も咲くどころではなく、殿さんの目に灰が入ったので、殿さんが怒られて縛られてしまわれたのだって。いいことされたじいさんは、たくさん金を溜めて、二人は、休んでいても食べて行かれるようになったのだって。

その昔こっぽり。

解説

よく知られた話であるが、オーソドックスな内容と微妙に違っている。特に語り初めに片桐さんの話の面白さが見られる。また、片桐さんは大山町生まれであるが、いわゆるズーズー弁で出雲地方の方言に似ている点にも注目いただきたい。

87 ぼた餅は化け物（西伯郡大山町高橋）

西部

語り手　片桐利喜さん（明治30年生まれ）
収録・昭和58年7月17日

佐治谷という、少し愚かな村があって、上《かみ》の地《ち》下《げ》（地区）から嫁さんが来ていたので、婿さんは舅《しゅうと》さんところに行ったら「ぼた餅なとして食わしてへんじょうかい（あげようかい）」と、ぼた餅を作るというので小豆煮て下ろしておいたら、五つ六つの子が、蓋を開けかけたりするので、ばあさんが「かまうなよ。そりゃオソウソウだけん」と恐がらせなさったのだって。

そうして、小豆をぼた餅につけて婿さんに出しても、どうしたって食べられないのだって。「おまえのごっつおうにしただけん食ってごっさいな」「いんや、そげなオソウソはきょうと（おそろしい、の意味）ございます」とどう勧めても食べないそうな。

「食ってごっさらにゃ、おまえの姐《あね》は好いちょったけん、土産に持っていんじゃってごしなはい」と重箱に入れて風呂敷に包んだら

「おら、そげなオソウソやなんかきょうとござん

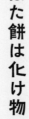

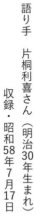

すけん、竹のオラボ（先の方）につけて、いなって（担って）いにます」とそうして帰って行ったところが、ついずるずるーっと竹から重箱包みが滑って、肩の方まで落ちてきたのだって。

婿さんは「この極道めが、オソウソめのやつ、おら噛んじゃらと思って落ってきた」ってパンパンたたいたのだって。その重箱も割れるし、ぼた餅もえらいことになっておったたって。

わが家に帰って「行きたら里のかかさんが、ようにオソウソていうものをこっさえて、『食え』て言いなはったども、おらよう食わだった。そげしたら、『わあに持っていんじゃれ』て言わはあで、竹のオラボにつけてごっさった。そこまでもどったら、ようにわあ（自分を）噛んじゃらと思って、おらが首の方へ落ってきたけえ、気が悪あて、たたき散らかいてちょいちゃった」と言ったたって。

姐さんが「オソウソだなんて、どげなものこっさえて出しさったださかい」と行って見たげな。重箱に砂糖ぼた餅がいっぱい入っていたのに、そのようなものを重箱も風呂敷もみんな破って、たたき散らかしておられたのだって。

それを見た嫁さんは「まあ、こなおまえ、きょうとやきょうとや（恐ろしや恐ろしや）。こげなだらずのところにおられりゃへんわい」と言って、それで、実家へ戻られたのだって。

その昔こっぽり。

解説

関敬吾『日本昔話大成』の中で笑話の「愚か聟」の中に「餅は化け物」として分類されている。佐治谷話（鳥取市無形民俗文化財）では「きばむき」としてよく知られている話であり、どなたも一度はどこかで聞いた話ではなかろうか。語り手はみごとな雲伯方言で語ってくださったが、今もそのときの心地よい響きが私の耳に残っているのである。

88　継子いじめ（西伯郡大山町高橋）

語り手　片桐利喜さん（明治30年生まれ）
収録・昭和61年8月4日

昔、継母があった。ある日、お父さんが「おらは上方《かみがた》に修行に上がって来うけん、子どもらち頼んけん」と、その母さんに言うと、「留守番しちょうけに上がって来なはい」と、そのお母さんが言われる。そうしてそこの姉の女の子は「父っつあん、土産に唐《から》の鏡買あてきてごしなはいよ」と言うし、弟の方は「おらは唐の巾着《きんちゃく》買あてきてごしなはいよ」と言うのだって。それでお父さんは「おお、買あてきちゃあけん、母さんの言うことよう聞いて留守番しちょれよ」と言っておいて出られたところが、何日かして戻ってみられたら、二人の子どもたちがいなくなっていたそうな。

それというのも、継母がお父さんの留守の間に、大きな五衛門みたいな釜で湯を沸かして、その子どもたちを煮たのだそうな。

そうしているところに、弘法大師さんが通られて「かく（かか、つまり、おかみさんの意）、それ何しぃさる」と言ったら、継母は「今、味噌豆、煮ましたわい」と言っておって、その子ども二人を釜に入れて煮おったのだそうな。それで「なら、味噌豆てえものは呼ばれるものだてえけえ、呼ばれよかい」と言って、弘法大師さんがその釜の蓋を取って見られたら、姉弟いっしょに釜に入れられて煮ておられたそうな。そこで弘法大師さんは「お、こちの味噌豆はがいな（大きい）のだの」と言って通られなさったって。

それが十二月だったそうで、そこから「師走味噌は搗《つ》くものではない」と前から言うのだそうな。

さて、お父さんが戻ってみたら、子どもたちがいなくて、一人は流しの下、一人はどこだったかに埋められていたのたって。

お父さんは姉の方には鏡を買ってきてやるし、それから弟には巾着だかを買ってきてやったのだって。お父さんが「子らちゃどこ行きただ」と言ったら、そうしたら、すぃーと竹が生えてきて「お父っつぁん、唐の巾着いらぬものよ。チンチクリン」と雀が来て止まったのだって。それから、姉の方は「お父っつぁん、唐の鏡はいらぬものよ。チンチクリン」と、また、雀が出てきて止まったのだって。

それから、そのあたりを掘られたら、姉弟の二人が埋めてあったのだって。

そんな昔がありましたよ。それで「師走味噌は搗くものではない」と昔からここらでは言っていました。そしてこのことは今もそう言っておりますがな。その昔、こっぽり。

解説

関敬吾『日本昔話大成』では本格昔話の「継子譚」にある次の二つの話型に該当する。語りの内容の順に挙げると「継子の釜茹」と「継子と鳥」になるようだ。継子いじめは古くて新しい問題なのだろう。昔話の中でもきっちり取り上げられている。しかし現代では実の親子の間でも厳しい問題があるようだ。

89 鯖売り吉次（西伯郡大山町羽田井）

西部

語り手　徳永あさこさん（明治44年生まれ）
収録・昭和61年8月3日

昔、吉次という商人がおり、鯖などを仕入れて帰りかけていた。あたりは暗くなってしまった。そこへ山姥が出て来て「吉次待て待て、鯖一つごせ」と言いました。しかたなく、一つ投げて、山姥が鯖を食べている間に、自分が捕まらないよう駆けって行きましたら、小屋があり、その小屋に駆け込みました。

実はそこは山姥の家でした。山姥が帰って来まして「今日はまんが悪かった。たった鯖が一つしか食えなかった。鯖売りを捕って食べようと思っちょったに。腹が減ったけん、餅なと焼いて食べよう」と言い、餅を持ってきて焼いて「餅が焼けたけえ、今度は醤油なとつけて食べよう」と醤油を取りに行きました。その間に、吉次は隠れていた二階から、餅をみな引きずり上げ食べてしまいました。

山姥が醤油を持って帰ってみたら餅がなくなっていたので、「餅がなんなったけん、また、持ってきて焼いて食べよう」と言っているうちに今度は醤油をこぼしました。そこで山姥は「これじゃあいけん、食べることはやめにして寝ることにしよう。二階に寝ようか、お釜に寝ようか、どっちに寝ようかなあ」と言いました。そうして「いっそ、二階に寝ることにしよう」と言って、二階にコトンコトン上がりかけました。それを聞いた吉次は、びっくりしたものの、梯子段の上から懸命に虫の糞みたいなのをコロコローッと落としかけました。山姥は「これ、梯子が折れえかしらんなあ」と言って「いっそ、お釜に寝よう」とお釜に入って蓋をして寝ました。

吉次はとても喜んで、釜の下に火をコチコチと焚きかけました。山姥は「ああ、もう何時かなあ、何とかカチカチ言わあ」と独り言を言って釜に入りました。

ところが、今度は火が燃えついてボーボーと音がしました。山姥は「ボーボー鳥がほえ出いたわ。もう夜が開けるわい」と言って寝ていましたが、今度は熱くなってきましたので、それで「ああ、熱いわ、助けてくれ、助けてくれ」と叫びました。

しかし、吉次は「おまえは鯖を取ったぁ悪いことすうけん、焼き殺してしまう」と火を焚き続けました。それで山姥はとうとう焼き死んでしまったそうです。その昔こっぽり。

解説

関敬吾『日本昔話大成』によれば、本格昔話の中の「逃竄譚《とうざんたん》」にある「牛方山姥」として戸籍が認められる。

この話は人びとに好まれるようで広く知られている。ただ、多くの類話では馬方が馬に荷を負わせて山道を歩いていると山姥に出会い、はじめに鯖を少しずつやり、急いで逃げるが、それらを平らげた山姥は馬の足を所望し、それを一本ずつやるが、やがて商人自身も狙われていると知って逃げる。……と続く場合が普通である。ここでは馬方ではなく、吉次という商人になっているのである。

90 蛇婿入り④（西伯郡大山町羽田井）

西部

語り手　徳永あさこさん（明治44年生まれ）
収録・昭和61年8月3日

昔。長者の千畳田に大きな蛇が横たわっており水があたらん。主人が「水当てさしてくれれば娘を一人嫁にやる」と言うと、どいた。

旦那は帰って、朝起きず寝ていると、上のお嬢さんが「起きてお茶まいれ」と言うので、「蛇の所へ嫁になって行きてごいたら飲む。蛇に千畳の田を当てさせてもらったからてって頼みなはったら「お父さん、無理だわ」てって逃げてしまいなはあ。

今度、中のお嬢さんも同じだった。

それから、今度、一番末のお嬢さんが「お父さん、お茶まいれ」て。「こげなわけで、蛇のところに行きてもらわにゃ、仕方がないだわい」と話したら、「わしは行きますけえ、起きてお茶飲みなさい」。そして今度は「わしの願いも聞いてごしなはい」「何でもかなえてやる」「千本の針と千巻の御《お》斗帳《とちょう》を作ってごしなはれ。そうすりゃ行きます」てつて。

「それでは易いことだ。行きてごせ」と言って、喜んだそうです。そいからそれを作って、駕篭に乗せ、池のところに連れだって行きて、もうみんながように恐れて帰ってしまいますし、お嬢さんがこげしておおなはつたら、大きな蛇体ですわなあ、にょーいと顔出いて来ましてな、それでその千巻の御斗帳、針千本、それを頭からかしげなはったら、今度はええ旦那さんになつて、もう角が折れて、「もうこげんなつた」てって。

そうして今度円満に暮らしなはったちゅう話。

解説

この話は関敬吾『日本昔話大成』では、本格昔話の中の「婚姻・異類聟」の「蛇聟入・水乞型」に属している。ところで、わが国の異類婚姻はたいてい不幸な結末になるが、この徳永さんの話では、まったく珍しくハッピーエンドで終わっているという珍しい話なのである。

なお、ここで「お茶」と語られていうのは、徳永さんの話では朝ご飯のことだという。

関敬吾『日本昔話大成』から分類を紹介しておこう。これは本格昔話の「婚姻・異類聟」に次の戸籍が認められる。

一〇一B 蛇聟入り・水乞型（AT四三三A）

1、干いているので、水をかけてくれた者に三人娘(一、二、八)の一人を嫁にやると父親(母親)が独り言する。翌日、水がかかっている。2、父が娘たちに水の主に嫁に行ってくれと相談する。姉二人は断わるが、末娘が承諾する。3、蛇（河童・田螺・鬼など）が若者になって嫁迎えに來る。4、末娘は瓢箪（木綿）と針千本(釘・剣・銀・胡椒・辛子・水油)とを持って若者についていく。5、若者は淵に連れていく。娘は瓢箪を沈めたら嫁に行くといって淵に投ずる。(a)若者は蛇になって瓢箪を沈めようとする。または(b)木綿がからだにまきつく。その間に娘は針を投ずる。6、蛇は鉄の毒で死ぬ。7、娘は(a)家に帰る、あるいは(b)家に帰らず旅に出る。(以下、二〇九・姥皮型と結合するものがある)。

ここ大山町の徳永さんの語りはこの変形であり、両者が幸せになる珍しい形なのである。

タイトル索引

あ

か

さ

ま

や

ら

【著 者 略 歴】

酒井　董美《ただよし》　昭和10年(1935)生まれ。松江市出身。

昭和32年（1957）島根大学教育学部中学二年課程修了。昭和45年（1970）玉川大学文学部卒業（通信教育）。島根県下の中学校・高等学校に勤務した後、大学に転じた。

主として山陰両県の口承文芸を収録・研究している。平成11年（1999)、島根大学法文学部教授を定年退官、鳥取短期大学教授となり、平成18年（2006）退職。同年から24年まで出雲かんべの里館長。現在、山陰両県の民話語り部グループ育成に努めている。

昭和62年（1987）第27回久留島武彦文化賞受賞（日本青少年センター)。平成20年度(2008）秋季善行表彰・青少年指導（日本善行会)。平成26年（2016）国際化功労者表彰（しまね国際センター）

主要著書（口承文芸関係）

『石見の民謡』－山陰文化シリーズ19－西岡光夫氏と共著（今井書店）
『島根のわらべ歌』尾原昭夫氏と共著（柳原書店）
『鳥取のわらべ歌』尾原昭夫氏と共著（柳原書店）
『山陰の口承文芸論』(三弥井書店)
『山陰のわらべ歌』(三弥井書店)
『ふるさとの民話』－さんいん民話シリーズ・全15集－（ハーベスト出版）
『島根の民謡』－謡われる古き日本の暮らしと文化－（三弥井書店）
『山陰のわらべ歌・民話文化論』(三弥井書店)
野間義学『古今童謡を読む』尾原昭夫氏・大嶋陽一氏と共著－（今井出版）
『鳥取のわらべ歌』(今井出版)
『山陰あれこれ』(今井出版)
『海士町の民話と伝承歌』(今井出版)
電子書籍『島根・鳥取の民話とわらべ歌』(22世紀アート）　　ほか多数

【イラスト作者略歴】

福本　隆男　昭和34年(1959)生まれ。島根県隠岐郡海士町出身。

島根県立隠岐島前高校卒業後上京。埼玉県三郷市在住。
以下の書籍のイラストを担当している
萩坂　昇『四季の民話』(教育労働センター)
ＮＨＫ松江放送局制作「山陰の昔ばなし」
酒井董美『島根ふるさとの民話』(㈲ワン・ライン)
酒井董美『山陰のわらべ歌』(三弥井書店)
酒井董美『ふるさとの民話』－さんいん民話シリーズ・全15集－（ハーベスト出版）
『日本海新聞』連載の「鳥取のわらべ歌」「鳥取の民話」(酒井董美執筆)
『島根日日新聞』に連載の「島根の民話」(酒井董美執筆）　　ほか多数

鳥取の民話

2021年12月 1 日　発行

著　　者　酒井董美

イラスト　福本隆男

発　　行　今井印刷株式会社

発　　売　今井出版

印　　刷　今井印刷株式会社

製　　本　日宝綜合製本株式会社